U0326708

大夏书系·全国中小学班主任培训用书

做个能说会做善写的班主任

钟杰——著

华东师范大学出版社
ECNUP
全国百佳图书出版单位
·上海·

图书在版编目（CIP）数据

做个能说会做善写的班主任／钟杰著．—上海：华东师范大学出版社，2020

ISBN 978－7－5760－1062－6

Ⅰ.①做…　Ⅱ.①钟…　Ⅲ.①班主任工作　Ⅳ.①G451.6

中国版本图书馆CIP数据核字（2020）第246272号

大夏书系·全国中小学班主任培训用书

做个能说会做善写的班主任

著　　者　钟　杰
策划编辑　李永梅
责任编辑　万丽丽
责任校对　殷艳红　杨　坤
封面设计　淡晓库

出版发行　华东师范大学出版社
社　　址　上海市中山北路3663号　邮编　200062
网　　址　www.ecnupress.com.cn
电　　话　021-60821666　行政传真　021-62572105
客服电话　021-62865537
邮购电话　021-62869887　地址　上海市中山北路3663号华东师范大学校内先锋路口
网　　店　http://hdsdcbs.tmall.com

印 刷 者　北京密兴印刷有限公司
开　　本　700×1000　16开
插　　页　1
印　　张　14.5
字　　数　228千字
版　　次　2021年1月第一版
印　　次　2021年4月第二次
印　　数　6 101-9 100
书　　号　ISBN 978－7－5760－1062－6
定　　价　49.80元

出 版 人　王　焰

目 录

第三辑

把学生的问题当作自我修行

第四辑

形成与时俱进的教育理念

第五辑

通过教育写作育人达己

第六辑

战胜自己才能成为大赢家

第一辑

把家长变成班主任的合伙人

新入职班主任如何召开第一次家长会?

作为刚从学校毕业就当班主任的老师，在家长面前确实热血有余，底气不足，面对众多家长探寻、猜疑的目光，心里惶惶然，不知所云。这种感觉是正常的，不必纠结，只要用心准备，结果都不会太差。

在家长看来，一个刚从学校出来的嫩娃，你没吃透课程标准，没摸准考试纲要，教学设计没入门，班级管理没方法。

关键是，你还没结婚没娃，对家长的痛苦和焦虑不能感同身受，更不知道养育孩子到底有多难。所以，家长对你能否胜任班主任工作心存疑虑。此时，新入职的班主任就要利用多个渠道给予家长信心，获得家长的支持。第一次家长会就是新入职班主任建立彼此信任、相互支持的家校关系的重要契机。因此，班主任一定要认真准备，全力以赴。

一、不卑不亢地向家长介绍自己

事实上，每个家长对自家孩子的班主任都很好奇，他们也想借第一次家长会全面了解。此时，班主任就要真诚地向家长介绍自己：毕业于哪所学校，所学何种专业，有什么爱好特长，所秉持的教育理念是什么……自我介绍的时候不卑不亢，实事求是即可。当然，也可给家长讲讲自己读书时的故事，毕竟故事比道理更能打动人。有些年轻班主任可能很担心凭自己的口才说服不了家长，那么我建议你上“得到”买一门提升说服力的课程学一学，课程名称是“怎样升级你的说服力”，课程主理人是李南南。

二、设身处地消解家长心中的疑虑

作为新入职的班主任确实不占优势，这一点不仅不要遮掩，还要坦然面对，可以这样开场：各位宝爸宝妈，我刚毕业，没有养育孩子的经验，但受过专业的训练，对教育有深刻的理解，所以有信心把学生带好。我刚入职，对班级管理确实没有经验，但我有干劲，有热情，有时间，愿意学习。我坚信，一定能把班级管理好！请你们放心地把孩子交给我，信任我，支持我……

不避讳自己的短处，也不掩藏自己的优势，站在家长的立场，满足家长的需求，掏心掏肺地跟家长兜底。班主任把“年轻有活力，热情爱学习，谦虚又自信”的“底”展示给家长看，家长一定会被打动，从而发自内心地接受眼前这个经验不足的菜鸟班主任。

三、满怀信心地向家长描绘育人理念

作为家长，当然希望孩子能在学习上独占鳌头，但如果孩子在学习上确实不能有所作为，他们就会退而求其次，希望孩子能健康、快乐地长大。因此，新入职的班主任不要口口声声对家长讲学生的成绩，而是要另辟蹊径，讲一讲自己的育人理念。如何描述育人理念呢？育人理念要与时俱进，以人为本，满足学生发展的需要，并且推动学生的生命自觉，帮助学生找到最好的自己。基于育人理念的内在要求，班主任可以这样描述：

（1）习惯的力量非常强大，所谓好习惯造就好人生，因此，我非常重视培养孩子们的生活习惯、行为习惯和学习习惯，具体做法会在后续工作中及时反馈给各位家长。

（2）性格决定命运，优良的性格才能收获幸福的人生。性格难以改变，但可以优化。因此，我会在日常工作中指导学生管理情绪，优化性格。

（3）价值模式决定行为模式。孩子们要想在未来社会站稳脚跟且大步前行，价值观必须符合社会主流价值。因此，我在帮助学生建构价值体系的时候会非常用心，教他们与人为善，遵守规则，体贴他人，如何慎独。

……

我的描述范例可能有些深，新入职的班主任较难达到此高度，那就按照我提供的育人方向，用朴素的大白话把自己的育人理念描述出来，让家长一听就懂。

家长听到班主任说出这样一番话，就算你年轻，他们也会佩服你，认为你很有料，觉得把孩子交到你手里很放心。

四、谦虚、诚恳地向家长求助

新入职班主任最困扰的事情就是在班级管理时容易顾此失彼，总感到有心无力。其实，在家长面前不要怕暴露这个问题，而是开诚布公地告诉家长，你遇到了什么样的麻烦，把遇到的麻烦客观地陈述出来，隐去涉及的人名，然后请家长出主意。不要小看家长，他们是局外人，更容易看到问题的真相。还有不少家长，在企业里担任管理者，对管理有一定的了解，可以请他们提建议，并且参与到班级管理中来，共同努力，让班级走向优秀，甚至走向卓越。我相信，只要班主任真诚地向家长求助，让每位家长觉得自己对班级的发展很重要，推动这个班级前进的力量就非常强大了。

五、热情洋溢地向家长介绍科任教师

班主任固然是班级前进的领头羊，但如果没有敬业的科任教师，班主任是做不成大事的。因此，班主任一定要不遗余力地把科任教师的优点介绍给家长。谁的学历高，就赞美他学科专业知识精深，业务能力强；谁的资历深，就推崇他教学经验丰富，考点抓得准；谁的荣誉多，就夸赞他德高望重，身正为范；已结婚生子的，就肯定他同理心强，能把学生当自己的孩子带；没有结婚生子的，就说他时间充足，精力旺盛，全身心扑在教学上……总之，拿出放大镜，放大科任教师的所有优点并不遗余力地赞美，给家长信心和希望，让他们由衷地觉得自己的孩子真幸运，终于遇到了好老师！

第一次家长会，主要是混个脸熟，彼此有个了解，让家长有信心且放心，不宜开得太久、讲得太多，也要注意一些忌讳。

第一，忌当众实名数落学生的不是。在家长看来，数落孩子的不是就是指责家长不合格。家长面子不保，心里就会生出怨恨，不愿意配合班主任的工作。

第二，忌炫耀自己的学历和专业。家长都是在社会上摸爬滚打多年的人，阅历相当丰富，你话一出口，他们就知道你有没有真才实学。

第三，忌当众评析学生成绩，尤其是指责分数暂时落后的学生拖了班级后腿。班级成绩固然重要，但家长的自尊心更重要。

第四，忌对科任教师及学校进行负面评价。科任教师是班主任的重要合作者，学校是班主任安身立命的地方，如果对此都恶意满满、抱怨连连，在家长看来，这位班主任的人品有问题。

总之，说话有心，待人真心，做事走心，育人用心，对自己的能力要有信心，即便是新入职的班主任，在第一次家长会上也能做到闪亮登场，完美谢幕。

班主任怎样才能赢得家长的信任?

没有学生，班主任与家长就是路人甲与路人乙的关系，还谈什么信任与不信任？但是，一旦有了学生这个超链接，班主任与家长这两个阵营就被链接在一起，如果互不信任，伤的不只是心，还有孩子的美好人生，而孩子是最伤不起的！

我坚信，没有哪一个家长把孩子送到学校，却不愿意他茁壮成长。没有哪一个家长，不希望孩子遇到一位懂教育、爱孩子的班主任。可是，家长凭什么相信自己的孩子进了学校就可以茁壮成长？凭什么相信孩子的班主任就是一位懂教育、爱孩子的好老师呢？

有人说："信任真是件脆弱的东西，一旦赢得了，会给我们巨大的空间；而一旦失去了，就永远不可能再恢复。"没错，班主任一旦赢得了家长的信任，教书育人就能起到事半功倍的效果。那么，班主任究竟要怎么做，才能赢得家长的信任呢？

以我从教近 30 年的工作经验来看，班主任在组建一个新班级时，先不要急于让家长信任，而是要让家长理解。为何要这样说呢？现在，很多媒体动不动就妖魔化教师群体，使得很多家长先入为主，认为教师群体很贪、很作、很势利，所以他们一边把孩子送到学校让教师教导，一边又在怀疑教师别有用心。

一、怎样才能让家长理解而不误解呢?

1. 千万不要与家长发生物质上的关系

没错，很多家长在向老师赠送物品的时候，都说这是真心诚意的。班主任不必怀疑家长的真心诚意，但一定要有自己的底线。教师的工资虽然不高，尤其在高房价的大城市，教师的生存压力也很大，但我们的精神可以很富有。我工作近30年，在深圳工作近10年，在深圳也买不起房，是真的买不起，并非卖惨！我没有房，但我不惨，过得也很开心，因为我的开心与不开心不是由房子来决定！当有了这样的心态，我还在乎家长那点物质上的小恩小惠吗？我虽然做不到物质上的大富，但可以做到精神上的大贵。我不与家长发生任何物质上的关系，说话做事就很有底气，家长也很佩服我！

2. 千万不要用教训的口气指责家长

卡耐基说过，任何人，无论做错什么事，无论错误多严重，在绝大多数情况下，都不会自责，更不会轻易接受批评。所以，不要随便指责家长，因为没用。班主任在指责家长前，必须搞清楚自己与家长的关系：家长把孩子送给老师教导，老师凭借教导学生领取报酬；家长希望老师教好孩子，老师也希望教好学生。家长和老师是同一阵营、同一目标的合伙人，要互相支持，守望相助。既然家长和老师是合伙人，那么合伙人之间就只能商量着把事情做好，岂可教训、指责呢？

我每次见到家长，不论他的孩子表现多差，我对家长都很客气。因为我知道，家长的心情跟我是一样的，他们甚至比老师更沮丧，因为不知道如何做才能让孩子有更好的表现。照顾孩子的饮食起居，很多家长是高手，但若要帮助孩子搭建精神家园，就望尘莫及了。这些家长在做学生时，学校没有开设父母课程，没有老师教导他们如何做父母。他们在组建家庭时，国家也没有设立专门的“新父母上岗培训机构”对他们进行培训。因此，家长是一群急需老师帮助的合伙人。班主任给予家长鼓励与支持，指导家长做专业的父母，帮助他们的孩子走好成长路，才会赢得合伙人——家长的配合。

3. 千万不要在家长面前贬低学生

如果有人在你面前不断地贬低你的孩子，你有什么感觉？你是不是特别烦躁，特别没面子，甚至会恼羞成怒？因为在你看来，别人明面上在贬低你的孩子，实际上在贬低你这个家长。总之，只要班主任当着家长的面贬斥孩子，就是在努力地把你的合伙人推向对立面。

家长听到老师贬损自己的孩子，言语上可能唯唯诺诺，但心里已经跟老师怼了九九八十一个回合了：我把孩子交给你，希望你帮助孩子成人成事，你倒好，把我孩子说得一无是处，孩子跟着你没有一丁点进步，你又有多大能耐呢？我希望你帮助孩子提高成绩，可你说我孩子不听课、不写作业，那么请问，你作为老师，是怎么管理课堂的？怎么监管学生的？我把孩子送到学校，孩子在校不是由班主任监管，难道要我这个家长来学校监管吗？看看，班主任有利箭射过去，家长自有硬盾挡回来。这样的对战，最终只会两败俱伤！

4. 千万不要随意请家长来学校受训

有些班主任一遇到学生犯错就把家长叫到学校来训斥，甚至还要求家长陪读。当然，有个别的案例确实需要特殊处理，但绝大多数学生犯错，班主任没必要将家长叫到学校来，更不可以训斥家长枉为父母。孩子犯错，把家长请来学校，为的是和老师一起想办法帮助孩子成长，绝不是让家长来受羞辱的。

这些年，我在不同性质的学校工作过，看到不少同事在请家长这方面确实很执着。有时候，家长正上班忙得不可开交，可这位同仁就是要家长立即、火速到学校，如若不来，就请把孩子领回家自己教育！家长心里虽然一百个不情愿，但慑于老师的威严，不得不放下手中的活赶到学校，虽表面上对老师毕恭毕敬，其实他们心里火大得很，但孩子还在老师手里，只好压着这团火不发作，待到孩子毕业，到处说老师的不是，这样，老师的人设就崩塌了。

班主任一定要记得，对学生来说，请家长是班主任的撒手锏，但这个撒手锏不要轻易使用。

班主任如能做到上述四点，充其量也就是让家长不讨厌你，离信任还差得很远。不过，万里长征总算走完了一小半，毕竟把群众基础打好了，离信任也就不远了。

二、班主任要怎么做，才能获得家长的信任呢?

1. 努力工作，认真做人，为自己攒下好口碑

俗话说“金杯银杯不如口碑”，当班主任在学校乃至学区有了“能干、专业、靠谱、优秀”的口碑，家长就会先入为主地对老师产生好感。孩子还没进班，家长就会从心里接受并喜欢这位班主任，甚至无条件地信任他。

我在四川一所学校连续埋头苦干了十年，创下了极好的口碑。不论是学生还是同事，抑或是学区内的家长，对我的评价都非常高。哪怕是街边补鞋的匠人，听学生说是我带的班，都会竖起大拇指说:“你们运气真好，竟然能在钟老师带的班级读书。”

这个口碑不是一两天攒下来的，而是多年努力的结果。有些班主任忍不住要问我了：你是怎样攒下好口碑的呢?

那个时候，我对教育的理解不如现在深刻，只知道以一颗朴素、真诚的心去对待学生，把学生当作自己的孩子，怕他们饿着了、冻着了、累着了、烦着了。总之，天天围着他们转，看着他们，关心他们，支持他们。他们犯了错，我就像个容器一样，虽会批评他们，但更多的是包容。我虽然性子有些急躁，但拥有一颗抱持之心，历来对自己很严苛，对别人很宽松。这个宽松是心理上的宽松，并非原则上的宽松，原则之内，我是个寸步不让的人。

我在四川那所学校遇到的家长都来自农村。他们的文化程度普遍不高，也不懂怎么教育孩子，但我从来不会责怪他们，经常下乡家访，被学生家里的看家狗追得四处逃窜也无怨无悔。我对那些家长就像对我的堂兄弟、堂姐妹一样，真诚淳朴。这些家长对我也非常尊重和信任，他们会口口相传，我的好口碑就在四乡八邻传开了。

家长都不傻，孩子的老师好还是不好，他们心中有杆秤，随时都在丈量呢。

2. 修习一颗同理心，多为家长着想

俗话说“人同此心，心同此理”，作为教师，更应该理解家长的难处，体

谅家长的无助。若问家长，你家里的“金不换”是什么？相信很多家长会毫不迟疑地告诉你——孩子！

是的，孩子就是每个家庭的“金不换”，是他们生命里最宝贵的存在。他们把家里的“金不换”交给老师，你说有没有风险？

当然有！我曾经就差点被老师“灭”了，幸好我有个非常优秀的母亲。我还看到某些老师毁掉了个别学生的人生，或许我自己在早年也干过“毁人不倦”的事情而不自知。

家长明知道把孩子送到学校会有风险，还是诚惶诚恐地把孩子送到老师手上，这难道不是对学校、老师这个群体的信赖吗？

所以，作为老师，尤其是班主任，必须设身处地体谅学生家长的不容易，给他们减压，帮他们支招。下面就说一说我是如何把同理心化作具体行动的。

（1）关于打电话。早上家长上班时间，尤其是周一早晨的上班时间，我绝不会给家长打负面电话。这个时间段，家长们正忙着上班，或许在开车，或许在赶路，或许正在担心去单位被上司训斥。这个时候，“嘀”的一声一个电话过去，人家接也不是，不接也不是，一旦接起来，听到班主任气急败坏地数落孩子的不是，请问这个家长还有好心情去上班吗？说不好正在开车的家长一时怒气上头，乱了心神，把车开岔道了咋办？凡事有个轻重缓急，我以为这个时间段确保家长有个好心情上班最为重要。

中午午休时间，我不会给家长打负面电话，因为我要保证家长正常午休，以使下午上班精神饱满，工作效率高，并且也不容易出差错。

晚上 9 点以后，我也不会给家长打负面电话。家长劳累了一天，也想坐下来休息，这个时候一个电话过去，你是成心让家长发火打骂孩子啊！孩子倒是被打了骂了，可家长和孩子都是一肚子的气，晚上怎么安心睡觉呢？班主任干嘛要在这个时间去做恶人呢？事实上，很多班主任就是选择在这个时间去做恶人，而且还乐此不疲。稍有体谅心的班主任，都知道不要在深夜惊扰学生及其家人，保证家长和孩子都能睡个安生觉。

如果确实需要给家长打电话，什么时候比较合适呢？我一般在下午 4 点左右预约。注意，是预约，也就是发条短信问一问家长是否方便接电话。家长说方便，我就打过去；说不方便，或没有回复，就不要打过去，而是再发一条短信告诉家长，有事想跟家长电话沟通，烦请他有空给我回个电话。

打个电话，我都要拿出同理心，绝不给家长制造麻烦，家长怎会不信任我呢？

（2）关于发信息。常规类信息，我选择在早上10点或下午3点左右发送给家长。之所以要选择这个时间，是因为这时候的家长已经心态平和，情绪稳定，最繁忙的时间段已过，也能挤出点时间看看手机，关注一下与孩子相关的信息。此时发信息过去，家长很容易看到。

至于发送学生的成绩信息，时间选择一定要慎重。我是选择在下午5点左右发送出去。这个时间段的家长，尤其是上班族，基本上把一天的必做之事完成了，正在做一些收尾工作，心情愉悦，包容心更强。如果这时家长收到孩子考试失利的信息，即便心里不爽，也不至于大发雷霆。何况距离回到家还有一两个小时，不满情绪可以得到缓冲，等回到家看见孩子，火气已经消了大半，就不至于发生“干煸小鲜肉”的事件。有些理性的家长还会利用回家途中反思自己的行为，想好鼓励孩子的话语，等回到家，看见一脸沮丧的孩子，还可以温柔以待。

这样做，既不会造成亲子矛盾，又不会恶化师生关系。

如果是涉及孩子的不良表现，我一般是发信息预约家长，采用电话沟通或当面沟通。文字虽能抵达人心，但也容易因为信息量太少，或者信息不对称等造成家长的误解，导致家长把恶意诉诸孩子。

（3）关于请家长。我经常对学生说，不要奢望我随便请家长，不是所有的家长都有被我“请”的荣幸！因为我请家长是有条件的，必须满足我的条件，家长才有资格被我“请”到学校来。什么条件呢？

第一，学生立功受奖了，我请家长接受老师的谢意和孩子的敬意。

第二，学生进步了，我请家长鼓励孩子，同时趁机鼓励一下家长。

第三，班级需要帮助。家长是学校教育的同盟军，我请家长参与班级建设与管理，这是无上光荣的事。

如果学生确实犯了错误，有违道德和法规，就必须请家长来学校协助教育，但我不会轻易指责，更不会羞辱家长。

通常情况下，我是把家长约请到学校相对隐蔽的办公室，或者学校外面的冷饮店，先喝水聊天，谈谈工作的不易、生活的艰辛、人际关系的复杂、养娃的抓狂……东拉西扯，与家长聊得投机时，再客观陈述犯错学生所干的事。注意，一定要客观陈述，不可带有感情偏好，也不要做道德归因，更不要进行价值判断。待整件事情客观陈述完毕，再用带有情感的语气告诉家长，这件事给班级、另一方涉事者、班主任带来了哪些伤害。最后，用非常诚恳的语气告诉家长，事情既然已成既定事实，责怪无用，推诿不好，大事化小，小事化无，让孩子从犯错中获得成长的养分，才是有效的家校共育。

3. 真心实意对学生好

几乎每位老师都向学生表白过真心：我都是为了你们好！那么，学生接受这份表白了吗？他们大多“呵呵”一笑：你这是蒙谁呢？当我是三岁小孩啊！

凡是教师都知道“没有爱就没有教育”这个常识，但学生究竟需要什么样的爱，很多老师未必知道。供方与受方不在同一个频道上，老师恨不得把心剖出来给学生看，学生却绝情地怼道：那心怕是黑的吧！

为什么好心没有好报？因为你把真爱给了勤奋读书的孩子，不勤奋的孩子感受不到；你把真爱给了听话乖巧的孩子，调皮捣蛋的孩子感受不到；你把真爱给了表现出众的孩子，内向沉闷的孩子感受不到。简单来说，老师的爱，没有雨露均沾，而是选择性释放。

那怎样才算是真心爱孩子？就是班上不论什么样的学生，在你的眼里都一样可爱。你说话、做事会兼顾到每个学生的感受，会对每个学生竖起大拇指，看到每个学生的优点，多角度评价学生的当下，积极地评估学生的未来。

班上每个学生都能感受到老师的爱意与善意，他们回家就会把这份爱意和善意传递给家长，家长感受到老师的“好”，就会回馈老师以信任。

4. 站在家长的立场与家长说话

班主任是与家长打交道最多的老师，因此，在与家长沟通时，一定要换位思考，站在家长的立场上来表达。已经做了父母的班主任，想想自己的孩子，真的就是“五好少年”吗？没有做父母的班主任也展望一下未来，你的孩子今后就一定是人中龙凤吗？

班主任的价值体系里如有上述认知，说话、做事就会谦恭，也会小心，更会遵循家校沟通的原则，自然获得家长的信任。那么，有哪些原则可以遵循呢？

（1）多报喜，少报忧。我们设身处地地想一想，如果有人天天在耳边念紧箍咒，你烦不烦？班主任要把自己变成“报春鸟”，把好消息带给家长，让家长高兴，有成就感，而不是当个“大嘴乌鸦”，天天传播坏消息，让家长沮丧、自卑。

（2）多表扬，善批评。班主任要把自己变成“表哥”“表姐”，就是善于表扬的哥哥姐姐。学生需要表扬，家长也需要表扬。表扬孩子，也在间接地表扬家长。

（3）多请求，少命令。家长与班主任是合伙人，两者是平等的，只有互相支持，守望相助，抱团取暖，才能促进学生进步。有事情需要帮助，诚恳相邀，家长一定会义无反顾地帮忙。

我开家长会时就明确告诉家长，自己跟他们是合伙人，是平等的。我痴长他们几岁，所以就叫我“钟姐”吧，大姐也可以，不用叫“钟老师”，别扭！

于是，家长们不论男女，都高高兴兴地叫我“钟姐”。既然我是“姐”，当然要罩着他们的孩子。既然我是“姐”，姐有事，弟弟妹妹是不是要倾力相帮啊！因此，班里有事，不论大小，只要我这个“姐”说一声，家长就会踊跃参与。

（4）多支招，少归因。多数情况下，学生出了问题，老师们就会感叹：一个有问题的学生，背后一定有一对有问题的父母！这话虽然有几分道理，但很绝对，不妥。这个世界上有很多奥秘很难参透：孩子有问题，父母未必有问题；父母有问题，未必会养出有问题的孩子。

懂得这个生命真相的老师，当学生出了问题时，就不会轻易归因，而是会假设各种可能，再找各种论据去论证其真假。在论证过程中，也不会轻易下结论，而是针对具体情况提出切实可行的改变策略。

另外，班主任在与家长沟通时还要注意两点：不要在家长面前炫耀自己的专业优越感；不要随便评论家庭关系，尤其是夫妻关系、婆媳关系，一定要有边界意识。

下面我就针对一个案例，演示一下班主任如何说话，家长才听得进去。

小明连续三天早晨都迟到了，这不仅耽误了他的早读，还因此连累班级被扣了德育积分。班主任王老师提醒他一定要守时，他答应得好好的，可是第四天早晨还是迟到了。王老师非常恼火，想要打电话找家长聊一聊这件事，他该怎么说家长才能愉快地接受呢？

建议王老师采用“非暴力沟通”的方式与家长聊聊小明迟到的事，效果会比较好。

第一步，客观陈述。“小明妈妈，小明连续四天都迟到了，不仅耽误了他的早读，还连累班级被扣了德育积分。”（不带评价的陈述，家长就不会抗拒）

第二步，说出感受。“小明老是迟到这个事吧，我心里也是挺难受的。他错过早读，怕影响他学习，迟到扣班级德育积分，我作为班主任也挺难受的。”（真心实意地说出自己的内心感受，家长心里就会过意不去）

第三步，表达需要。“小明妈妈，我也没别的意思，你别想太多了。我就是有点好强，不想自己的学生比别班的学生差，就想小明的成绩能更上一层楼，也想让我带的班级能成为优秀班级，在学校有一定的影响力，让每个学生都能以自己的班级为荣！”（表露自己的正当需求，引发家长的同理心，获得家长的支持）

第四步，提出请求。“小明妈妈，小明还没长大，意志力还不够强，早上起床有些困难，还要劳烦你多费心，早上早点催他起床，洗漱时动作快一些。你现在费点心思，等孩子长大了，你就享福喽。”（提出正当要求，又有合理建议，家长就会很愉快地接受老师的建议）

这四个步骤做下来，沟通非常顺畅，效果也很明显，老师和家长都很愉快。有些读者可能会说，家长只是口头答应，没有行动怎么办？那是家长的课题，老师没有办法替家长完成。老师的课题是轻松愉快地把“小明迟到耽误早读，造成班级扣分”的事情传达给家长，希望家长做些改变。传达到位了，课题也就完成了。家长照做了，孩子进步了，那是孩子的福报。家长不理不睬，孩子照样迟到，那是孩子的宿命。

5. 真诚地给予家长专业指导

我与家长打了近30年交道，可以很负责任地说，只要是身心健康、心智成熟的父母，都想成为优秀的父母，助力孩子成长！

可是，他们心有余而力不足，不知道从哪里下手改变教育理念，也不知道有哪些途径寻找教育方法。他们真的希望老师能有一根点石成金的手指，可惜的是，老师就是没有这样的神仙手指，即便有，也伸不到学生的家里去。

但是，班主任可以利用很多途径帮助家长提升家庭教育能力。比如，带领家长共读家庭教育书籍，如张文质老师的《奶蜜盐》《父母改变　孩子改变》《急不得，慢不得》，还有简·尼尔森的《正面管教》系列，以及在下拙作《我的母亲不是神》，都可以与家长共读。

也可以开专题讲座。我曾经按照"女孩爸爸""女孩妈妈""男孩爸爸""男孩妈妈"的划分开了四场专题讲座，针对不同性别的孩子，父母该如何与他们相处，对家长进行了详细的指导。家长们听后都觉得很受用，对我也很尊重，尤其信得过我的专业能力。

还可以根据家长需求开设家庭教育课程。2020年的寒假，正值疫情高峰，所有人都只能宅家躲疫情。我利用这个时间，潜心梳理，把积累了20多年的父母备考经验整理出来，共32堂课。我称之为"学生中考，父母备考"系列助攻课程，家长非常喜欢。这套课程应时、应景、实用、实效，很大程度上帮助家长解决了备考难题。

家长与班主任是合伙人。我与家长一起投入时间、心血与精力，不外乎就是想学生收获成长！如果我能帮助家长实现这一目标，家长是不是该信任我呢？答案是肯定的。

特别提醒一些人——学生的成长并非全指考试成绩，还有认知的提升，思维的优化，积极价值观的形成，情商、胆商、逆商、社交商的形成，意志力、自控力的养成等。

班主任在亲子关系建立中可以有哪些作为?

亲子关系好与不好，直接关乎到教育的成败，这已经是一个教育常识，毋庸置疑。关键是，什么样的亲子关系是好的？什么样的亲子关系是不好的？若亲子关系不好，该如何重建？作为班主任，当亲子关系出现问题时，可以有哪些作为？

一、好的亲子关系有哪些特点?

第一，孩子与父母有亲密的互动。孩子放学回家，乐意见到父母，喜欢与父母分享他在学校的所见所闻，一起参加亲戚朋友的家庭聚会或者户外活动。

第二，孩子非常在乎父母的感受。看见父母生活艰辛，就会暗暗下决心努力成长，今后要让父母过上好日子。或者是父母希望自己取得好的学业成绩，就会努力学习，生怕自己失败了，让父母伤心。

第三，孩子会遵守父母定下的规矩。自己一旦接受父母定下的规矩，就会老老实实地遵守，并谨记父母的教诲。即便青春年少一时糊涂违了规，也会及时认识到自己的错误，进而努力改正。

第四，孩子会关心父母的身体健康。一旦得知父母的身体出了问题，表现出极大的伤感，并且为了能让父母的身体快速好转，会突然成长起来，挑起家庭的担子。

第五，孩子会主动讨父母欢心。比如逢年过节或者是父母生日，会给父母发祝福短信，或者是精心准备礼物。只要父母开心，孩子就会觉得特别开心。

处在和谐亲子关系中的孩子，一般都心态阳光，性格开朗，很有上进心，情商比较高，与同学相处得很融洽，与老师相处也很友善，顶嘴、对着干、一意孤行等行为基本不会出现。

二、不好的亲子关系有哪些特点？

第一，拒绝与父母交流、沟通。在同伴面前是话痨，见到父母则一语不发，父母主动问话也是支支吾吾，从不愿意跟父母吐露心声。孩子明明在眼前，父母却觉得相隔天涯。

第二，常常游荡在外不归家。放学不愿意回家，周末也不愿意待在家里，总是找各种机会在外游荡，仿佛家就是一个监狱，多待一会儿就会窒息。

第三，不遵守家庭规则，无视父母的存在。家长明明立了规矩，但孩子视规矩为无物，随意打破，并且还振振有词。家长一旦干预，孩子就跟家长对着干，甚至冷战、干耗。

第四，跟父母顶嘴或者对着干。父母说一句，他就顶十句，或是故意拂逆父母意愿，表现出强烈的叛逆倾向。

第五，离家出走或者沉迷网络。自己犯错了，父母稍加指责便离家出走，或者是沉迷网络不能自拔，无心学习，从不关心父母是累是苦、是喜是忧，总觉得父母对自己不好。

第六，脑子聪明却拒绝学习。明明是个聪明的孩子，但特别拖拉、贪玩、厌学、不长进，整天都觉得这个世界所有人都欠他的。

第七，父母对孩子长期冷漠、疏离。这种恶劣的亲子关系主要是父母心智不成熟造成的。他们对孩子的接纳度低，看不见孩子的存在，对孩子的反应不能及时回应，导致亲子之间冷漠、疏离。

生活在这样家庭中的孩子，在学校就属于不良行为多发分子。性格外向的，表现出叛逆不羁，挑衅寻事，随意打破规则，甚至对他人有一定的攻击性；承认错误很快，再犯错误更快，显得自负、盲目。性格内向的，则闷声不语，自我孤立，合作性特别差。这类孩子不打架滋事，看起来无风无浪，但自我攻击比较频繁，表现出自卑、怯懦。还有一种，在精神上表现为麻木不仁，非暴力不合作。这些孩子看似对班级无害，对同学无损，但自我成长的欲望极其低下，对自己基本没有要求，也从不展望未来，活一天算一天，小小年纪便成了行尸走肉。

关键在于，父母已经把亲子关系搞砸时，班主任可以通过哪些渠道帮助这些“可怜”的父母重建亲子关系呢？

三、重建亲子关系的途径

1. 对家长进行家庭教育理念上的重建

我以班主任的身份与家长打了近30年的交道，可以很客观地说，绝大多数家长是想做好家长，但大多时候事与愿违。为什么呢？因为这些家长根本就没接受过专业的训练，他们根本不知道如何做家长，所习得的家庭教育理念多数是从其父母那里得来的，粗暴、简单、落后，甚至反人性。这个时候，家长需要的是帮助而非指责。我们必须告诉家长：孩子出现问题不怪孩子，根源一定在家长身上，所以只有家长改变了，孩子才会改变。关键是如何改变呢？以下几点可以参考。

（1）爱而不溺。爱孩子，但不溺爱孩子。孩子既能感受到父母的爱，又不会被宠坏。他们的身心比较自由，对于他人就愿意付出自己的爱。

（2）亲而不密。与孩子亲近，却又能保持适当的距离。尤其是青春期的孩子，一定要给他们一定的自由空间，不必将孩子牢牢地掌控在手中。

（3）放而不纵。家长懂得放手，但又能立下规矩不放纵孩子的不良行为。这不但不会令孩子叛逆，还会赢得孩子的敬重。

（4）支持但不挟持。支持孩子的决定，但不因此挟持孩子以达到自己的目的。当孩子一旦认定你对他的支持是有目的的，他就不会跟父母一条心了。

（5）民主但不甩手。在家里形成民主气氛，大事小事都尽可能让孩子参与，但不可以拿民主作由头把所有决断都交给孩子，自己做甩手掌柜。

（6）信任但不放任。对孩子充满信任，相信他能管好自己，也相信他能通过努力达成目标。但是信任不是放任，父母在信任孩子的同时也要关注孩子的成长动向，及时做出准确的回应，给予恰到好处的指导。

2. 向家长传授亲子关系重建的具体做法

家长毕竟不是搞教育的，他们虽然知道转变教育理念很重要，但对于如何让理念落地，比较茫然。因此，班主任还需要对家长进行方法上的指导。通常情况下，我建议家长这样做。

（1）把孩子当作与自己平等的人，温和、慈爱地跟孩子说话，并且是蹲下来与孩子平等对话。认真聆听孩子讲话，及时做出准确的回应。

（2）爱孩子不可有附加条件。不论孩子美丑、好坏，都要真心爱他，而不是因为孩子考出了好成绩，听从父母的话。这种带有附加条件的爱，会冷却孩子爱父母的心。并且，孩子一旦将其视为正常，待父母老了，他的爱也是有条件的。

（3）接受孩子本来的样子。比如，有些孩子比较笨拙，做事不够快，反应不够灵敏，学习成绩不够好，体育运动不协调等。这是孩子本来的样子，告诉孩子，就算他在别人眼里是一堆烂泥，但是在父母眼里，就是光芒万丈的黄金。

（4）不跟青春期的孩子较劲。父母要理解他们身心变化时产生的各种困惑，给他们恰当的指导，但又要保持一定的距离。他们急躁的时候，家长要平和；他们平和的时候，家长要适时地矫正他们的不良行为。总之，家长不能跟青春期的孩子对着干，而是要适当妥协。

（5）每天与孩子至少要有一次诸如拥抱、摸头、抚肩等肢体接触。肢体的接触是最能感知、最直接的爱，孩子很容易感受到。

（6）每周至少有三个晚上与孩子共进晚餐。科学研究表明，父母经常与孩子共进晚餐，亲子关系更为和谐，孩子的行为表现更符合社会规范，学习成绩也会大幅度提升。

（7）每周至少安排一天与孩子一起玩，如骑车、跑步、打球、看电影等。父母参与孩子生命成长的过程，会带给孩子许多美好的体验，他们对父母也会更依赖。

（8）在孩子面前赞美自己的配偶。如果你爱你的孩子，那就一定要爱孩子的父亲或者母亲。身为人父人母，绝不可以在孩子面前损自己的配偶，而是要竭尽所能地赞美，为配偶在孩子面前立威。父母关系和谐、友爱，孩子不左右为难，亲子关系就会和谐。

（9）孩子看书、写作业时，不当着孩子的面刷手机。既然要给孩子立规矩，身为家长就要守规矩。哪天孩子坏了规矩，你张口就骂，亲子关系就被骂坏了，孩子还是不守规矩。

（10）做一个学习型、成长型的父母。郑渊洁有一句话我非常赞同：最好的家教，就是闭紧自己的嘴巴，迈开自己的双腿，走好自己的人生路。父母是孩子学习的教材，也是范本，父母都在努力成长，力图变成最好的自己，孩子会差到哪里去呢？

3. 给家长推荐深入浅出、有实操性的家庭教育书籍

比如尹建莉的《好妈妈胜过好老师》、简·尼尔森的《正面管教》（根据学生年龄段向家长推荐合适的读本）、张文质老师的《奶蜜盐》等。最好是以亲子阅读形式展开，要求家长写出阅读心得，以沙龙形式进行阅读交流。

除此之外，班主任也可通过班会课，让学生学着体谅父母，学会爱父母。还可以开展一些亲子活动，让父母与孩子倾听对方的心声。总之，建立亲密和谐的亲子关系很重要，努力求变的不仅仅是父母、孩子，也有班主任。

被父母教“坏”了的孩子，班主任该怎么救？

我觉得在对孩子下“坏”这个结论之前，要进行客观公正的评估：这个孩子究竟“坏”到什么程度？

一、如何评判孩子“坏”的程度？

（1）他是否经常参与偷抢、敲诈、勒索？如果是，那就没班主任的事了。这种孩子还是公事公办，交由派出所来处理吧。

（2）他是否经常性地有意欺骗、说谎？如果是，这孩子道德品质有问题，班主任也救不了。

（3）他的恶习是否趋于固化？如果是，改变难度相当大，但只要班主任不放弃、不抛弃，还是有一线希望的。不过，这是一场持久战，班主任置身其中会很累，很烦，很没成就感，救助孩子的过程中要做好自身的心理建设。

（4）他的性格是不是很偏执，认知水平是不是很低下？如果是，难度比较大，除了优化其性格外，还要提升其认知水平。这对班主任的能力是很大的考验，所以班主任要做一个学习者，不然解决问题时会束手无策。

（5）他的心理是不是有问题，如自闭、抑郁、空心病等？如果是，班主任除了给予孩子爱与理解外，还需要协助他找到合适的心理医生。

（6）他的价值观是否扭曲，比如甘当废柴、无法理解他人、没有公德心等？如果是，班主任要改变他也很难，必须先震碎他的“三观”，然后帮他重建价值体系。学生的“三观”凭什么要让你这个老师去重建？杜威在《民主与教育》中说，教师塑造学生的前提是，学生必须对老师有依赖感。没错，如果学生不信任、不依赖你，你想要走进学生内心影响并帮他重建“三观”，想都不要想。

还有一点也要追问，那就是这个孩子的父母是否很强势，很固执，很自以为是，看不起任何老师，觉得老师又傻又天真？如果是，班主任这个时候凑上去硬要帮忙施救只会自取其辱，不如慢慢来，另寻他途。

如果上述情况都被排除在外，所谓的“坏”孩子只是偏离了正常轨道，需要老师的帮助才能回归正常，那班主任救他，就是责无旁贷的。不过，救之前也需要诊断他属于哪种情况。

二、诊断孩子属于哪种类型

1. 欺软怕恶型

对于这类学生，班主任要少讲道理，因为他们不听道理；不要讲感受，因为他们很难感同身受；也不要轻易揭他们的短，因为他们很善于狡辩。他们的生存原则就是：谁比我强，比我狠，我就怕谁。这个时候，老师需要修炼的本事就是：在他面前走出六亲不认的步伐，说出铿锵的话语，内外都要刚，是那种原则之内寸步不让的刚。无论何时都要管理好自己的情绪，时时刻刻流露出一种自信：我上无愧于天，下无愧于地，中间无愧于心，浩然正气从我头顶贯穿到脚底，我怕谁呢？

当欺软怕恶的学生畏你、敬你、服你时，这孩子就有救了。想要打赢这场仗，要依赖对人性的深度了解。

2. 拖拉懒散型

有一类学生做事也好，学习也罢，能拖就拖，能赖则赖。对这类学生，班主任讲道理可管半天，打鸡血可管一天，谈感情则毫无效果。他们陷在旧有的舒适区里不能自拔，基本不可能实现自主改变。老师能做的就是温和而坚定地紧跟，像牛皮糖一样，让他不敢松懈。老师没时间跟，就派几个助手紧紧跟着。跟一段时间后，让孩子有了新的习惯、新的体验、新的成就感，他就愿意去做力所能及的事情了。这个改造方案时间成本有点高，但若遇到这样的学生也只能这样。老师的使命就是帮助学生找到更好的自己。在帮助的过程中，老师要依法执教，不可对学生的身心造成伤害。

3. 阳奉阴违型

我长期坚守在教育第一线，虽很喜欢孩子，但并不代表孩子的人性就不存在漏洞。有些孩子很会表面一套、背地一套，甚至还会在背后煽风点火，制造事端，将班主任陷于手足无措之中。对于这样的孩子，不要随便轻信，也不要耳根子软，一旦抓住把柄，就要毫不客气地批评。注意，不要在大庭广众之下让这类孩子丢了面子，而是要私下正言相告。

4. 爱慕虚荣型

这一类女生偏多，她们因爱慕虚荣，容易成为物质的俘虏，喜欢攀比，贪图享受，还很善妒。很多女孩之所以变坏，或者降级消费自己，均是因为缺乏追求，缺乏定见。对于这类孩子，要培养他们自尊、自爱、自立、自强的人格特质。

三、成为学优生的 4 个要素

做到以上几点，只能保证孩子不会变坏，成长为一个好人，但未必是能人，也就是说未必能成为学优生。因为一个孩子要成为学优生，必须具备 4 个要素，且都要处在积极层面才行。

1. 智力

这是硬件，最为重要。我教过太多勤奋到让人心痛的学困生，他们的反应力和领悟力都比较差。同样一个知识点，老师开讲后，有些孩子秒懂，他们听 10 遍都不懂。同样时间单位里，资质上乘的学生比资质欠缺的学生能学到更多的知识。

2. 性格

这是关键，绝不可少。有些孩子天生要强，骨子里不服输，见不得别人比自己好，一旦落后就要奋起直追，就算没有落后，也想跑得比别人快。也有些孩子天生就懒散，就想过平平淡淡的生活。他们没有雄心壮志，也不想树立高远的志向，只想做个普通人。

3. 动力

这是源泉，非常重要。一个人是否有上进心，要看他是否有源源不断的动力。他的动力源一旦枯竭，就会自甘沉沦。有些孩子有父母给予动力，就算父母给不了动力，他们也会激励自己，有非常强烈的改变自己的意愿。有些孩子因为家庭和性格，改变自己的意愿非常低，动力当然不足。

4. 方法

方法比勤奋重要，这不是说着玩的。有些孩子主观上很想学好，客观上也很努力，并且又不笨，但学习效果不好，什么原因呢？就是没有找到适合自己的学习方法。学习的好方法不是适用于每个人的，适合A的，未必适合B，适合B的，未必适合C。找到适合自己的好方法，需要老师帮助、学生寻找。

另外，还须具备记忆力强、做事利索等优点，处在一个学习氛围浓厚、老师负责、教学技能不错的班级，则会让这个孩子的成绩锦上添花。

这说明，孩子不是不可教，而是要看你教的是什么孩子。我们怎么可以把一条鱼教成爬树冠军呢？怎么能把一块废铁恨成钢呢？改变能改变的，稳住不能改变的，该雪中送炭就送炭，该锦上添花就添花。仰无愧于天，俯无愧于地，中间无愧于良心，便是为师之道！

班主任如何介入单亲家庭帮助孩子健康成长？

在很多人看来，单亲家庭孩子的成长比起健康的核心家庭的孩子堪忧，这确实是一个不得不面对的问题。

一般来说，单亲家庭对于子女的经济来源、个性发展、抚养教育、健康成长均产生不利影响。当然，也有一些单亲家庭的孩子因为环境恶劣，资源缺损，关爱缺失，反而催生强烈的自我教育意识，成长为坚韧、勤奋、上进的人。不过，这种情况只占少数。

既然单亲家庭对孩子的成长产生了很多不可回避的负面影响，那么，作为班主任，该如何介入单亲家庭，帮助孩子健康成长呢？

一、帮助离异父母树立正确的育儿观

民政部发布的《2016年社会服务发展统计公报》数据显示，2016年办理离婚手续的共有415.8万对，比2015年增长8.3%。社会学家说，离婚是一种进步，说明人们敢于真实地面对自己的感情世界，夫妻能相扶相持走下去，那就走下去，如果因性格差异大，三观不一致，生活习性不同造成不可调和的矛盾，那就勇敢地分开过。同时，也说明社会对离婚这个现象更为包容。

教师当然没有资格，也没有能力阻止学生父母离婚。但我们在得知学生父母离婚时可给予一定的劝导，帮助他们树立正确的育儿观。比如，指导家长在离婚时理性解决财产分割，妥善协商孩子的抚养权。夫妻分离，但不要亲子分离，不要当着孩子的面大吵大闹，甚至反目成仇。这会让孩子无所适从，给他造成严重的心理创伤。

奥巴马的父母在他两岁时离婚了，离异后很少往来，因此奥巴马对父亲几乎没有什么印象。但是老奥巴马一直和奥巴马的妈妈保持着书信联系，奥巴马虽然没有跟父亲一起生活，但由于妈妈不断地给他传递父亲的信息，因此，在奥巴马的感情世界里，始终有父亲的存在。奥巴马显然是幸运的，他的母亲和外祖父、外祖母并没有因为离婚对老奥巴马产生怨恨，奥巴马从他们口里听到的有关父亲的信息是真实而温馨的，自此，父亲的“英雄”形象就在奥巴马年幼的心中扎根了。父亲这个角色，在奥巴马心里是温馨的，是高大的，是负责任的。奥巴马能成为美国第一位黑人总统，跟他父母的育儿观有着必然的联系。

二、对离异父母进行情绪抚慰

一般来讲，离异对女性的打击更大，多数孩子又跟着妈妈生活。一个单亲妈妈既要在职场打拼，又要教育好孩子，实在是不容易。她们往往会因为工作繁忙而忽略了孩子，也会因为自己的感情生活不顺利而大发脾气，把孩子当作婚姻失败的出气筒。

这个时候，老师要介入类似的单亲家庭，帮助单亲妈妈（也可能是单亲爸爸）管理好情绪，重拾生活的信心，给予情感上的抚慰、生活上的理解，帮助她们形成积极的解释风格，鼓励她们追求新的生活。

有这样一位单亲妈妈，婚姻失败对她的打击很大，所以她总是一蹶不振，不是夜店买醉，就是宅家不出，而且特别爱发脾气，简直到了歇斯底里的程度。女儿在她的养育下，性格也相当暴躁，情绪经常失控，跟同学的关系也不好，在班里就是一个被边缘化的孩子。

这是一件很可怕的事情。暂且不说这个单亲妈妈会招致怎样的人生后果，就看她女儿当下的表现，就可以预知她今后的婚姻也是极有可能失败的。女儿会接过妈妈的情绪气囊，随时爆发，任谁都会被她吓跑。

于是，我走进了这个单亲家庭，耐心地倾听这位单亲妈妈对她那段失败婚姻的讲述。听完之后，我发现他们夫妻离婚，既没有第三者，也没有经济纠葛，纯粹就是因为妈妈每天背着一个负面的情绪气囊，且随时都会爆炸，丈夫实在忍受不住了，不得不提出离婚。

找到问题症结所在，我辅导这位单亲妈妈调整情绪，形成积极的解释风格，优化自己的思维方式。比如，她的思维方式里存在很顽固的防御思维，觉得丈夫什么都应该听她的，绝对要忠诚于她。这个世界上没有一成不变和应该、绝对的事情，夫妻是两个并行而立的个体，只能彼此帮扶，共同前行，谁都不可以绑架谁，必须有课题分离的意识，做好自己的课题，促进对方做好对方的课题，但不可以强求。

当这位妈妈明白这一切之后，悔不当初，原来自己美好人生的破坏王竟然是自己。于是，这位妈妈开始学习管理情绪，学习积极的解释风格，主动与前夫联系，商量女儿的教育问题。她的改变令前夫眼前一亮，再看到女儿的性格、脾性也有所改变，一颗心开始回归。这虽然是个案，但可以从中看到希望。某种程度上说，班主任要把自己修炼成家庭教育指导师，有能力改善离异夫妻的关系。

三、给予单亲家庭的孩子真诚的关爱

单亲家庭的孩子固然可怜，但也并非我们想象的那么悲惨。我们在影视作品中看到的那些单亲家庭孩子的悲惨故事，毕竟是个案，绝大多数父母还是爱孩子的，只是离异造成他们无法及时地关心孩子，让孩子的情感世界难免有缺失。这个时候，班主任确实要多关爱这些孩子，但不能特殊照顾，不能让别的同学觉得他们与众不同。班主任要关注这些孩子的情绪是否正常，人际关系的建构能力是否形成，心态是否阳光，性格是否乐观，心理是否健康。如果观察到的这些方面都处在正常范围内，那就保持现状；如果出现偏差，则要对孩子进行相应的心理辅导和行为指导。

教师在关爱孩子的同时，也要告诉孩子：父母离婚是父母的课题，与孩子没有关系。说这话的目的是防止孩子把父母婚姻失败的原因扣在自己头上，认为是自己不好才导致父母离婚的。

还要指导孩子多维度理解父母离婚这件事。比如，爸爸妈妈性格不合硬是拴在一起，大家就会很痛苦，分开对他们才是最好的解决之道。作为孩子，要接受父母的决定，也要关爱爸爸妈妈，毕竟失败的婚姻令他们痛苦。此外，还要学着接受父母的新家庭。我看到不少孩子对继母或继父很抗拒，造成了新的、更严重的家庭矛盾。其实，多数继母、继父还是很好的，主要是孩子对他们特别抗拒，使得新家庭矛盾丛生。

四、给孩子找一个精神导师

不论离异父母做得多好，孩子生活在单亲家庭，都会有情感上的缺失。若孩子跟爸爸生活，可以在爸爸的家族里找一个温和有礼、对孩子有爱心的女性成员多关心孩子，如姑姑、表姑、婶子。若孩子跟妈妈生活，可以在妈妈的家族里找一位刚强自立、温和敦厚的男性做孩子的人生导师，如舅舅、表叔、表哥，对孩子进行正确、有序的社会化教育。

《神雕侠侣》里的杨过，父亲早逝，郭靖就承担起给杨过重塑价值观的责任，他就是杨过的精神导师。没有郭靖对杨过的精神养育，杨过哪有可能成为大侠，保不定就跟欧阳锋差不多了。

五、多让孩子参与班级和社区活动

单亲家庭的孩子在平时获得的情感多是单向的，因此，班主任要让孩子尽量参与班级和社区的活动，多做事，多交朋友，找到存在感与成就感，获得情感的滋养。

班主任进行团队建设时，要根据单亲家庭孩子的性格特点、特长爱好，给他（她）物色恰当的班级管理岗位，培养孩子的管理能力与责任感。孩子在班里能找到自己的位置，还能获得一定的成就感，内心的自卑就会消退，变得开朗起来。

班主任还可以帮孩子注册义工证，周末、假期组织孩子参加社区义工活动。这既可以结识新朋友，又可以获得一些年长者的关怀，关键是孩子在这样的群体中还会体会到自己的价值，对人群、社会充满善意。

六、组成单亲家庭家教联盟

其实，绝大多数单亲家庭的养育者还是很想陪伴孩子的，但是由于生活压力，他们有心无力。这个时候，如果老师能出面，将班级或者年级的单亲家庭组织起来，形成“家庭联盟，家校共育”的陪伴模式，孩子之间可以交往，避免孤独；家长之间可以互帮，避免监督缺位。

这个模式形成之初压力较大，但只要愿意去做，还是大有可为，老师们不妨试一试。

总之，不要谈单亲家庭色变，只要离异父母能做到“夫妻关系虽断裂，但亲子关系牢固”，不彼此推诿责任，不放弃对孩子的关心与教育，老师能恰当地干预，单亲家庭长大的孩子也能积极健康。

第二辑

把教室变成学生的幸福花园

如何为学生打造一个有幸福感的班级？

幸福是什么？幸福就是个体的愿望能得到满足。当然，还有比较高端的解释。美国的泰勒·本-沙哈尔在《幸福的方法》一书中说：真正的幸福不应该是绝对不掺杂不良的情绪，而是经得起困难和挫折的考验。

作为学校的组织单位——班级，师生都想从中获得幸福，那么，作为组织者、协调者、领导者的班主任，该如何打造一个幸福的班级，从而让孩子们经得起困难和挫折，感受到快乐与存在的意义呢？所谓各师各教，每位班主任都有对幸福的理解，追寻幸福的路径也有所不同。

一、必须建立和谐的人际关系

此处的人际关系包括师生关系、生生关系、学科教师之间的关系。戴维·迈尔斯在著作《他人即地狱》中秉持一个观点：当我们不能站在别人的立场理解其内心感受，给予其正当需求时，我们就变成了他人的地狱，反之，别人也能成为我们的地狱。当我们处在人际关系的地狱中，心情是不会快乐的，学习、工作根本不会全身心地投入。所以，班主任接手一个班级，在班级里建构和谐的人际关系极其重要，有时甚至比学生的分数还要重要。

那么，怎样建立和谐的人际关系呢？

我觉得班主任的态度及秉持的理念非常重要。我在建班的第一周，就会帮助学生建立人际圈子，让他们快速地在这个班级里找到自己的圈子，从而获得归属感与安全感。比如，根据同一个小学毕业、同一个姓氏、同一个月份的生日、同一个小组、同一个大组等这些相同点帮助孩子们建立小圈子。圈子建成之后，我秉持的观点就是：咱们就是一家人，从此相亲相爱互不嫌弃。当然，还会请孩子们看电影《帕丁顿熊》，告诉他们，不同的物种都可以成为相亲相爱的一家人，何况是人呢？

除此之外，还会利用课程指导学生之间的交往，如男男交往、男女交往、女女交往。通过“把女孩惯成神”“传女不传男”“女孩是拿来呵护的”“做个善解人意的女孩”等生命课程，教会了学生如何正确交往，班级人际关系非常和谐，没有霸凌行为，学生的幸福感就提升了。

当然，除了生生关系，还要建构良好的师生关系。我觉得这个并不难。其实，学生的要求并不高，只要老师能看见他身上的亮点，懂得他的需要，不随意指责他，不轻言放弃他，学生就很满足，并且对老师有依赖感。真心换真情，这话没错。作为班主任，只要你真心爱学生，不附加任何条件地爱学生，学生一定会爱你的。比如，我对学生说：你考试考差了，我确实很失落，但不会因此而少爱你一点。当老师的爱除去了功利，师生关系就会很融洽。至于班主任如何跟科任教师处好关系，我觉得作为一个班级的领导者必须大气，要吃得了亏，把管理做好，多体谅科任教师，甚至帮他们一些小忙。我相信，这个关系是很好理顺的。一个班级，只要人际关系和谐，师生幸福指数一定会很高。

二、开展丰富多彩的班级活动

玩可以说是学生的天性。现在应试教育压力大，学生很容易厌学，尤其是家庭教育很不到位的学生，心里就只想着玩。但是不让他玩吧，他也不学，怎么办？只能一边带着孩子玩，一边通过这些活动激发孩子学习的内驱力。

我是很喜欢带着孩子玩的。我一直认为，班主任工作就是一个成年人带着一群孩子过日子。日子过好了，心情就好了，幸福也就来了。

去年，在元旦前一天，在家委会的组织下，孩子们带着家长、弟弟、妹妹浩浩荡荡地开往润东农庄，开展“雅墨 10 班烧烤活动”。

孩子们的开心真的难以用语言来描述。有个叫温厚的孩子，性格非常古怪，整个人看起来非常颓废。组织烧烤活动之初，他很不屑地说：“我不去！”我笑着说：“尊重你的想法，我不强求。”私下我又找他的好朋友去当说客，目的当然是要他去。然后，我又跟他父亲沟通，说家长最好也陪着，趁这个机会把孩子心中的刺给拔掉。当然，工作都做通了。烧烤那天，温厚去了，并且还带了他的妹妹跟母亲。烧烤的时候，他可勤快了，既帮妹妹烤，又给我烤了一个鸡腿、一根玉米。自那以后，颓废的温厚变了，变得积极阳光，更加上进。虽然他的成绩还在原地打转，但至少心态和性格已经朝向好的方面发展，这让我们都看到了希望。烧烤活动结束后，雅墨 10 班的生生关系空前和谐。这个学期的第四周，我还准备在光明中学食堂搞一次包饺子活动。孩子们摩拳擦掌，跃跃欲试，都想在饺子宴上露一手。雅墨 10 班的小钟钟，甚至要请他爷爷来做技术指导。

除了这些活动外，我还将活动办到学生家里去。比如，我要去家访了，但不是一个人去，而是带一些表现好、跟被访学生关系特别亲密的同学去。所谓家访，就是在这个同学家里，包饺子，唱会歌，说会话，最后带他们去超市逛逛，买点小零食。同学们非常开心。师生关系、生生关系就在这样的接触中变得越发密切。

三、打造有品位的管理小组

我为什么要精心打造这样的小组呢？一是建立官方圈子，避免一些学生拉小圈子。只要孩子们在官方圈子里找到了归属感，他就不会轻易去那些消极的小圈子扎根了。二是让孩子们感到新奇，有事可做。当孩子们有事可做的时候，他就不会轻易去违规。所谓“无事生非，闲人惹事”，正是因为有些孩子既不爱学习，又无事可做，当然就去违规。孩子们违规，老师生气，他们自己也沮丧，严重的还会投诉到家长那里去。有些家长说教之后还要暴揍孩子，孩子就更加难过了。所以，建立一些官方圈子，让孩子们积极做事，他们违规的概率便小，幸福感就很强。

那怎么来打造这个有品位的小组呢？

第一，按照成绩“优良中差”异质分组。当然，必须做到几个平衡。比如性别的平衡，所谓“男女搭配，干活不累”。也要考虑性格的平衡，有些孩子的性格比较尖锐，他最好到包容度比较强的小组。最后，也会考虑孩子之间的契合度。比如，有些孩子之间有些小疙瘩，虽然没有大的矛盾，但处在一个小组，并且几年不变，确实心塞，从人性的角度必须考虑这一点。

第二，确定组长。确定组长也是有讲究的：一是尽可能是中等生；二是性格比较外向；三是组织能力相对比较强；四是愿意为集体付出；五是有较强的表现欲。这是理想状态，真实的情况是很多孩子并不完全具备这五个特点，不过没关系，只要具备其中一两点就行，其余的都是可以培养的。

第三，取组名。我要求所取组名中必须有一个字是组长名字里的字，这可以体现组长的权威性，同时也告诉组长，从今以后，这个组就是你的了，搞好搞坏，都是你一肩承担。这样一来，组长就很尽力，这是他自己的组，搞坏了太没面子。组名取好了，还必须挖掘这个组名的内涵，且必须与整个小组提倡的精神相契合。说实话，难度是有的，但是孩子们做得很开心。

第四，诸如制定组规，找组歌，定组花，设计组徽。学习之余，孩子们忙得不亦乐乎，都洋溢着笑意。

第五，设计小组造型，摆出自己最喜欢的姿势，每年照一张，姿势必须一样，今后十年同学会见面，各小组仍然按这个姿势照相。想想这个场景，孩子们是不是很开心？

小组建设当然不是短时期的，而是长达三年的持续性建设，主要是以“晒”的方式将小组文化展示出来。根据以往的经验，小组建设的过程中，各组员都捆绑在一起，感情逐日加深，幸福感逐渐增强。

四、把每个孩子都拉到班级管理中来

班级不是班主任一个人的，而是大家的，因此，班主任一定要把班级还给学生，让每个学生都来做班级的主人。只有学生自己来做班级的主人，每天都有事情做，他才会找到归属感，不会轻易把自己边缘化，就会把班级当作自己的家，从中找到幸福感。那么，如何才能把每个孩子都拉到班级管理中来呢？

我主要采用岗位管理的方式。也就是说，把班级中的各项事务划分成很多小块，先保证每个孩子都有岗位，多余的就由学生竞聘，聘多聘少，看自己的时间和精力。每个岗位都配有岗位工资，并与每学期的德育考核以及评三好、星级学生挂钩。学生为了多得岗位工资，会费尽心思开发很多新的岗位。这样一来，每个学生都是管理者，同时也是被管理者，人人有岗位，个个有事做。当他们有事可做的时候，班级违纪事件就减少了，班主任也会轻松很多。最关键的是，每个学生在班级里都找到了自己的位置，有了归宿感和成就感，幸福感自然也就来了。幸福是什么？除了自己的需要得到满足之外，还会让他人觉得自己是个有用的人。

五、创设独一无二的班级文化

说起班级文化，很多老师总是会把着眼点放在教室的布置上。教室是学生学习的地方，简单、朴素、干净、温馨即可，不宜搞得花里胡哨。尤其是中学生的教室，更多地要体现出理性、简单、雅致的文化品位来。因此，不管你怎么布置，教室还是教室，不能完全凸显出班级文化，学生最多就是觉得自己的教室干净、漂亮而已。显性文化不可不做，但不能只做它，最重要的是班级隐性文化的建设。而且，这种隐性文化一定是别的班没有的，是独一无二的。

就如雅墨10班，我就不想做成跟以前带的“一心走路”班一样的文化。我问孩子们:“以前‘一心走路’班的核心文化是‘静文化’，你们还做这种文化吗？”孩子们竟然回答道:“我们是雅墨10班啊！”对啊，我们是雅墨10班，怎么能拾人牙慧呢？我们需要做出属于自己的文化，人无我有，独一无二！雅墨10班班名的含义：雅，可以理解为文雅、优雅、儒雅、雅量等。词典释义：正规、标准的，美好高尚、不粗俗的。“雅”字，似乎涵盖了所有美好的事物。“墨”字的释义，通常都和读书有很大的关系。例如，写字要用到墨，印刷书本要用到墨。“墨”代表有知识，有智慧，有文采。雅墨，意味着咱们10班就好比一幅淡雅、深远、悠长的水墨画。

根据这个班级的特点，我给雅墨10班植入了一种成长理念：建设一个格调高雅的班级，让每个孩子都朝向美好！所以，班级核心文化就应该围绕“高雅”二字来做文章。于是，我与孩子们一起打造了雅墨10班的“雅文化”。

第一，为“雅文化”制造舆论。我跟孩子们说:“既然我们的班级叫雅墨10班，班级成长理念的关键词是高雅、美好，就应该有自己的独特文化。这种独特的文化是什么呢？我觉得叫‘雅文化’最好，重点在‘雅’字上面做文章。”

第二，提炼出“雅文化”的关键词：文雅、优雅、儒雅、典雅、高雅。具体要求是：男生要文雅，女生要优雅，男老师要儒雅，女老师要典雅，整个班级要高雅。

第三，敲定“雅”的核心素养。

文雅：谦虚、有礼、大气、幽默、有责任感、尊重女性。

优雅：善良、美丽、勤奋、健康、有见识、善解人意。

儒雅：博学、有礼、风趣、阳光、有风度。

典雅：知性、美丽、善良、乐观、庄重、有学养、情绪稳定。

高雅：高尚、不俗、积极、上进、和谐、温馨。

第四，制定修炼措施。不管多么高大上的理念，如果不执行，都是纸上谈兵。因此，班主任的想法一旦得到学生的理解和支持，就要及时制定措施，将其落到实处。最重要的不是纠结行不行，而是立即执行。任何事情只有做了，才知道可行性究竟有多大。所谓成人之中做事，做事之中成人，孩子们只有学会如何做人、如何做事，才会找到真正的幸福感。

打造幸福班级的路径实在很多，不再赘述。我最后想说一句：不管班主任拥有多少治班技巧，如果看不见学生生命体中的亮色，不对学生的需要做出回应，没让学生真正感受到班主任的爱，学生都不会感受到幸福！

如何才能增强班级凝聚力?

何谓凝聚力？通常指集体或某一社会共同体内部各成员因共同的利益和价值目标结为一个有机整体的某种聚合力。就学校班级建设来讲，是指班级学生个体因为班级的共同利益和价值目标结为一个有机整体的聚合力。

凝聚力强的班级，学生之间关系融洽，兴趣、价值观都比较一致，集体荣誉感特别强，非常热爱自己的班级，对本人作为该班级的一员有很强的自豪感，非常乐意完成班级管理工作中的各项任务，学业成绩整体优于其他班级。

凝聚力弱的班级，班风涣散，学风较弱，学生之间关系冷漠，集体荣誉感很差，学生经常在各个场合吐槽自己的班级及老师。师生及生生之间配合度很差。学生在执行任务时，或自大、自私、散漫、抵触、反对，或自行其是、叛逆等。

既然班级凝聚力如此重要，班主任应该从哪些方面来增强班级凝聚力呢？

一、班主任的强大生命气质

任何一个团队的凝聚力，都是由团队领导的气质来决定的。团队领导有能力、有激情、会沟通，工作目标明确，这个团队的凝聚力就会很强。团队领导胆小、懦弱，缺乏热情，灵魂异常干瘪，加上做事拖拉、懒散无序，这个团队就缺乏凝聚力。

班主任是班级的建设者与组织者，也是领导者，所以要努力把自己修炼成一个富有生命激情、做事干练有序、作风干脆稳健、头脑灵活创新、点子新颖有趣、流动着汩汩生命活力的先行示范者。这样的班主任带出来的班级，必然有很强的凝聚力。

二、班主任的民主与感情

我不否认教育是科学，只是此处暂不谈科学，只想谈民主与感情。简单来说，民主就是不武断，不独裁，不搞“一刀切”，不一家独大，凡事与学生商量，尊重学生的意见。当然，班主任作为成人及班级的领导人，也要有自己的主见，不可无原则地迁就学生。

民主治班，确实可以让你的班级更加规范有序，师生、生生之间能做到彼此尊重，但班级未必有很强的凝聚力。因为一个班级想要形成较强的凝聚力，班级成员的需要、动机、情感都要得到充分的理解与支持。那么，谁去理解与支持班级成员？当然是作为班级建设者与领导者的班主任。

我先讲两个小故事吧，或许对处于困惑中的班主任有所启发。

金兵中流传着一句话:“撼山易，撼岳家军难。”岳家军为何固若金汤？因为岳家军的凝聚力非常强，金兵根本找不到攻陷岳家军的缺口。历史上溃不成军的队伍比比皆是，为何单单岳家军的凝聚力就强大到坚不可摧？我们来看看岳飞作为军中首任将领是如何带兵的。

岳飞的士兵生病了，他亲自为其调药。岳飞的将领要远征了，他派妻子去慰问远征将领的家属。将士在战场上战死，他伤心痛哭，并且抚育其遗孤。将士们打了胜仗，上头有犒赏，岳飞全部分给将士们，自己绝不独占。

岳飞不仅治军严明，还富有人情味。在岳家军服役的将士，不论是自身需要还是情感需求，以及从军动机，都得到了满足。这样一来，岳家军就形成了极强的凝聚力。

还有李广，我们也可从中窥之一二。李广带兵，与士兵同吃同住，平时体恤下情，战时身先士卒，自己勇武过人，和士兵打成一片。领导者与团队成员之间有很强的感情纽带，这样的团队凝聚力就是最强的。

看了岳飞与李广的故事，我们不妨扪心自问：作为班级团队的建设者与领导者，我为学生做了什么？我与学生的感情纽带联通了吗？一句话：没有民主、科学的带班意识，没有情感上的无私付出，你的班级怎么可能有凝聚力呢？

三、制定班级内部统一目标

一个班级如果没有共同的目标，这个班级对所有学生就没有吸引力和推动力，就显得很松散，非常缺乏凝聚力。因此，班主任带领学生为班级制定大家都认可的目标就非常重要。那么，如何针对提高班级凝聚力来制定班级统一目标呢？

建议把中长期目标分解为阶段目标，最好是一周一目标。比如寒假返校第一周，针对学生寒假懒散的状态，班主任可以与孩子们一起制定“收心”目标，要求学生每天何时起床，何时到班，上课时不打瞌睡，不说闲话，积极回答老师的问题。作业要按时完成、按时上交，体育活动要积极参与。一旦达成了统一的班级目标，周末的家庭作业可以酌情减量，班主任还可以带大家搞一次郊游活动。

学校要搞运动会、歌咏比赛、美食节、义卖活动等，都要与学生一起定出大家认同的目标，然后再将任务分派给每个同学，一起实现目标。目标达成后，班主任一定要满足全体学生的需要，对学生犒赏。比如，学生说期末考试拿到年级第一要搞一次郊外烧烤活动，一旦拿到年级第一，无论如何都要带全班学生去郊外搞一次烧烤活动。一个班级，一旦有了共同的目标，目标达成后还能满足大家的需求，班级的凝聚力就会增强。

四、打造班级核心价值观

就拿 2020 年的这场疫情来说，先是武汉封城，武汉人民没有一句怨言。紧接着，全国各地纷纷响应，停运的停运，停工的停工，封村的封村，上网课的上网课，全国人民都宅在家里隔离。全国人民一条心，老老实实宅家打好这场防疫战。

为什么中国能做到，而欧美诸多国家却做不到？因为中国人民的凝聚力强。这里面原因很多，我以为最重要的一个是中国有全民认同的社会主义核心价值观。这个核心价值观把全国人民的心拧在一块，“心往一处想，劲往一处使”，凝聚力当然很强。

班主任希望自己的班级有凝聚力，就必须为班级打造全班学生接受并认可的核心价值观。那么，如何打造符合教育规律，且有利于每个学生成长的核心价值观呢？

首先，核心价值观要体现出对每个学生的尊重。尊重学生的外貌，尊重学生的思想，尊重学生之间的差异。

其次，核心价值观要让每个学生都能在集体中获得安全感与归属感。

最后，核心价值观要体现出兼容并包的思想，要让每个学生的需要、动机和情感得到充分的理解与支持。

只有提法，永远都是空话，班主任要把理念变成落地的策略，能够用行动去落实才是好的教育。核心价值观的描述方式可以多样，根据班主任的表达风格来描述即可。比如，我喜欢这样描述：

不论别人怎么看你，你都要勇敢地做你自己！

不论你何时需要，班里所有同学都在你身旁！

不论你做得如何，班里所有同学都会挺你！

核心价值观打造出来后，如何推广才能深入学生内心呢？

第一步，班主任利用班会课、活动课、自习课等各种机会给学生反复解读其内在要义，还要让学生用自己的话阐述对班级核心价值观的理解。

第二步，通过背诵、默写等方式，让学生将班级核心价值观内化为自身为人处世的准则。

第三步，将核心价值观落实在行动上。我教过一个男孩，他的脸上和脖子上都长了一种类似鱼鳞的东西。孩子母亲说，这是家族遗传病，现在治疗无效，十七八岁后就会不治而愈。正值青春期的男孩，身体上最显眼的部位长了东西，自然很自卑，班上同学也有嫌弃之意。于是，我在班上当着所有同学的面说：“无论 ×× 同学长成什么样，那都是他自己，独一无二的自己！任何人都没有资格对他的身体品头论足或者厌恶嫌弃！作为班主任，我永远站在 ×× 同学一边，理解他，支持他，喜欢他。”

自那以后，这个男孩在班上过得自在、快活，还做了劳动委员、级长助理，真可谓“春风得意马蹄疾”！

如有外班学生敢因此欺负这个男孩，简直就是捅了马蜂窝，全班同学都会表达不满。这就是班级凝聚力强的体现。

五、营造和谐的班级人际关系氛围

话说一个小家庭，如果家庭成员之间关系冷漠，甚至勾心斗角，这个家庭是没有任何凝聚力的。家庭内部一旦遭遇不确定的天灾人祸，家庭成员就可能分崩离析。班级既是一个小家庭，也是社会的一个小社区，如果班级人际关系不和谐，这个班级的凝聚力就特别差。遇到事情，群体之间就只有抱怨、逃避、推诿、内讧、吐槽等。没有人愿意站出来振臂高呼、冲锋陷阵。因此，班主任要想提高班级凝聚力，就要努力维护好班级人际关系。

能否营造和谐的班级人际关系，班主任的态度起关键性作用。班主任如果能当着全班学生态度强硬地表示：在我带的班级里，绝不允许霸凌行为发生，我对此的态度是零容忍！谁要是无缘无故霸凌班上的同学，我定要他付出惨重的代价！此话一出，那些想要霸凌他人的学生就会收手，那些被霸凌的学生就会心存感激。只说话，不行动，久而久之，那些任性放纵的学生看出班主任不过是一只纸老虎，他们仍然会在班里制造事端，破坏人际关系。所以，班里一旦出现霸凌现象，班主任一定要穷追猛打，直到让那些霸凌者受到惩罚，被霸凌者得到安抚为止。

在班级人际关系的维护上，班主任除了表现出坚定的态度、鲜明的立场之外，还要教给学生一些相处之道，具体如下。

（1）明确告诉学生，所有的人际矛盾都不允许放在网络平台上扩散，更不可以对他人做出非理性的评价。一经发现，不管你是有理还是无理，班级舆论都不会支持一个感性、冲动的人。

（2）面对人际矛盾，不要忙着处理，而是冷却 2 ～ 3 天，待双方冷静后再处理。如果两方能私下和谈最好，和谈不了，可请第三方仲裁。总之，矛盾产生了，最好的思路就是及时解决和止损，而不是把事情搞得不可收拾。

（3）不论班上的同学长相如何，性格如何，家境怎样，都是独立的存在。存在即合理，你可以不喜欢他，但没有资格伤害他，只能尊重他。再说，“天生我材必有用”，每个人都不可能一无是处，他的生命深处都藏着宝藏，只要愿意去挖掘，必定能挖到宝。你若不愿意挖，就退后让别人挖掘。

（4）背后赞美所向无敌。对于批评，每个人都能无师自通，因为人天生就爱逃避责任，所以批评是天生就会的，不需要学习。可是赞美对很多人来说却非常吝啬。因此，班主任一定要教学生赞美自己的同伴，不仅要当面肯定，更要背后赞美。赞美，是和谐人际关系的助推剂。

总之，班主任既要表明立场，又要身体力行，还要传授学生交往之术，才能将班级的人际关系营造得“彼此尊重，亲密有间”，这样班级对学生才有吸引力。班级对学生充满吸引力，班级凝聚力想不增强都难。

六、提高班级在学校的影响力

我曾经中途接了好多个班，开展活动几乎没人响应，也没人参加，学生一副“事不关己高高挂起”的样子。这是为什么呢？因为每个学生都认为自己的班级是个烂班，说出去很没面子，哪敢代表班级参加活动。

曾经有个班差到什么程度呢？两年时间，没有得到过一次“文明班”的称号。学校评“文明班”是月月评，每次 10 个班参评，有 4 个班可以上榜，按理说，上榜机会还是非常大的。可这个班两年时间愣是没拿到一张“文明班”的奖状。原来两年下来，这个班每学期的期末考试，每门成绩综合评估都在年级倒数第一名。班主任也是两年三换，我接手这个班时，已经是第四任班主任了。

这个班级在学校没有任何的正面影响力，班级和学生都没有什么存在感。班级对学生毫无吸引力，班级凝聚力怎么可能产生呢？

我接手这个班级后，首先，在年级跳绳比赛中拔得头筹，学生兴奋不已，说两年了，第一次可以在赛场上抬头挺胸。其次，亲自出马打扫班级卫生，布置教室，在第一个月拿下“文明班”的奖项。再次，创立微信公众号，把学生的成长故事写出来供全国各地的老师阅读，此举令学生引以为豪。我还经常给学生上很有深度的班会课，吸引了不少年轻教师来听课。

几套“花拳绣腿”打下来，我接手的所谓“差班”在学校的影响力就出来了。外班学生都很羡慕我班学生，觉着他们运气真好，竟然遇到全国知名班主任。

班级影响力产生了，对学生的吸引力也大了。学生都觉得自己生活在这样的班级是一件特别幸运的事，毋庸置疑，班级凝聚力也增强了。班风和学风越来越好，一年后中考，综合评估这个班的成绩竟然排在了年级第四，终于通过努力甩掉那顶“倒数第一”的帽子。

七、选出优秀人物衔接与调停

班主任虽说是班级的领导者，但这个领导者毕竟站得太高，离学生群体远了一些。所以，班主任要在学生群体中物色优秀的人来调停班级内部事务。

这个人可以是官方委派的，也可以是民间挑选的，只要具备一定的领导力，在学生群体中很有威信，就可以任用。

一支部队，军长是干什么的？军长是部队的最高军事指挥首长，即军事主官，主要责任是带兵打仗，所以手段可以强硬。一个部队要想做到“狭路相逢勇者胜”，只有强硬果断的军长还不够，还需要政委。《亮剑》里，军长李云龙与政委赵刚的配合，令李云龙的“独立团”战斗力倍增，打得鬼子嗷嗷叫。班级里的政委，不需要做玄之又玄的政治思想工作，只需要起到衔接和调停的作用。所谓衔接，就是把班主任的带班理念在全班同学那里落地；所谓调停，就是同学之间出现不同意见时，负责协调，达成一致。

班级里有这样一位人物上下衔接并从中调停，这个班级的凝聚力也非常强。

八、建立稳定的班级管理小团队

有一个办法对增强团队凝聚力很有用，那就是让自己的团队尽量与外界隔离。但这个方法的理念存在问题，因为我们现在要培养具有世界格局的新型人才，而非封闭落后的顽固分子。

那么，要怎么做，才能减少学生与外界过分交往，又能有正常的团队生活呢？在班里建设官方的，也可以是民间的管理小团队。简单说，就是搞班级小组建设。至于怎么搞，我在拙作《一个学期打造优秀班集体》里有非常详细的介绍，在此就不赘述了。

特别提醒一句：小组建设好后，可以采用团队与个人捆绑考核的方式。将个人与团队捆绑起来考核，个人就会为了团队的利益协同作战，凝聚力就会增强。

九、公平公正，赏罚分明

班级里的学生，内心最渴求的便是公平。他们渴望老师在释放师爱时能公平，不要把爱倾斜给那些成绩优秀、长得漂亮的学生，而是要雨露均沾，看到每个学生的存在。他们也渴望老师在评价时，能做到客观公正，而不是根据平时谁听话，谁少惹祸，谁不捣蛋。

学生最想要的，就是公平！老师，你能做到吗？如果嘴巴上能说到，但行动上却做不到，就别怪你的班级缺乏凝聚力。我在为师之初也没做到，带出来的班级就如同一盘散沙，做什么都不顺利。尽管自己使出浑身解数，但就是达不到预期效果。为什么呢？因为我在前面努力，学生在后面怠工。

后来，我努力克服自己偏心的毛病，努力用客观理性的职业眼光去看待和评价学生，学生就觉得我公平了，带班效果一下子就出来了。即便我在前面偶尔怠下工，也不影响班级发展，因为学生在后面努力。有些学生想偷懒磨洋工，别的学生也不允许，因为班级对他们有吸引力，同伴之间彼此有吸引力，学生对老师也心服口服，班级凝聚力很强，外力根本打不散他们。这样的团队就特别有战斗力。

至于赏罚分明，这对大多数教师来说并不难，事先定好规矩，一切按规矩办事，对事不对人就好了。学生要的就是这种公平公正，老师做到了，学生也就服气了。

十、让学生都能在班级里找到归属感

所谓归属感，是指个人感觉被别人或团体认可与接纳时的一种感受。如果学生能感觉到自己是班级的重要一员，能被他人接受，被他人认为交往时有价值，并且与他人成为一个整体，这个学生对班级就有很强的依恋感和归属感。

班级内部每个学生在班级里都能找到归属感，班级成员之间就可以保持联系，获得友情与支持。同学之间在交往时，其行为表现是协调的。同一个班级的同学在一致对外时，就不会发生矛盾和摩擦，彼此都能体会到大家同属一个班级。特别是当班级受到外力攻击或取得荣誉时，班级成员就会表现得更加团结。

如果学生在班级里根本找不到归属感，他们就会自动与班级隔离，主动把自己变成班级边缘人，甚至还会在外面传播一些不利于班级人际和谐的谣言，令整个班级人心不稳、班风涣散。那么，班主任如何才能帮助学生找到归属感呢？

1. 班主任及整个班级对每个学生都要真诚地接纳与认可

有些班主任对成绩好、表现好的学生，接纳度与认可度都很高，但对学习差、表现也差的学生则非常排斥，每天都会揪着这些学生的小辫子呼来喝去。这些被呼来喝去的学生在班里既没有存在感，也没有价值感，他们哪有归属感呢？就算那些被接纳和认可的优秀学生，也未必认可班主任的做法。这样做，哪有班级凝聚力可言呢？

2. 让学生刷出存在感

很多班主任讨厌喜欢刷存在感的学生，认为他们要么缺爱，要么捣蛋，故意把班级搞得乱哄哄的。对于这种喜欢刷存在感的学生，班主任千万别出言讽刺，而是要教学生如何高明地刷出存在感。我就上过一堂“如何怒刷存在感”的班会课，超受学生欢迎。尤其是那种长相平凡、家境一般、学业成绩又不理想的学生，如果刷点存在感的资格都被剥夺了，请问，他们的人生还有什么盼头？没有盼头的人生，你说会不会做出令人匪夷所思的事情来？

3. 帮助学生找到价值感

为什么学业成绩优秀的学生不容易变坏？因为他们已经靠优异的成绩刷出了一波又一波的存在感，在老师和同伴那里获得了价值感。他们获得的关注已经够多了，只想低调一点、清静一些。相反，学业成绩不够优秀的学生，在老师和同伴那里获得的价值感很低。这时候，班主任就要出手帮扶这些同学。

有体育天赋的，怂恿他去练体育，成为运动场上的佼佼者。我带过的雅墨10班，有位叫家铖的同学，若论学习成绩，真的拿不上台面，但他长得高大、帅气，又有体育天赋，我支持他练体育，于是他成了体育达人。区级和市级的比赛，他都拿过奖，非常自信。家铖在班级找到了价值感，所以他特别热爱自己的班级与同学，不论班里搞什么活动，他都积极参与。

有音乐天赋的学生，就在音乐方面拔高他。书写漂亮的学生，就经常把他的作业本拿来做范本。能说会道的学生，就让他来当教师助理，给他平台，让他展示。总之，帮助学生找到他们的天赋，然后扬长避短，朝着既定方向发展，再差的学生也有闪光的地方。

简单说，只要老师真心接纳每个学生，带领全班学生敞开心扉，让每个学生都能在班里安全容身并感到快乐，学生就会很有归属感，班级凝聚力自然而然就增强了。

增强班级凝聚力的“术”有很多，作为班主任，不仅要求“术”，更要悟“道”：只有拥有一颗真诚的教育心，把每个学生当成自己的孩子，才能做到“术”从心出，或者随心所欲都是“术”。

如何才能培养出学生课前准备的好习惯？

对于遭遇课前学生“乱成一团”这个现象，我不知道别的科任老师会不会焦虑，会不会愤怒，上课质量会不会降低。反正我作为科任老师，碰到过课前管理非常到位的班级——这样的班级熏染出来的学生学习习惯好，学习品质上乘，班级整体成绩优异，若干年后，这种班级成才的学生也最多。我每次进到这样的班级上课心情都非常愉快，上课质量也非常高，上完课真的有一种从头流到脚的幸福感，学生考试成绩也令我很有成就感。

我也碰到过课前根本不做任何管理的班级，学生就跟一群小野兽一样，闹腾不休，混乱不堪。每次我拿着书，春风得意，心情大好地进教室准备一展精湛的教艺时，看到那混乱的场景，真的是“悲从心中来，怒向胆边生”。为什么呢？预备铃早响了，可是孩子们却充耳不闻，仍然在教室内外跑啊、叫啊，甚至有些孩子还坐在桌子上敲得“嘭嘭”响。书，没有拿出来；本子，还不知道在哪里；笔，随意散放在桌面上，整个场面就是一个不忍目睹的车祸现场。之前的春风得意早已变成垂头丧气，一向温文尔雅的我也不知不觉地成了凶神恶煞，等我整顿好纪律，上课时间已过 5 分钟。好吧，我赶紧讲课，心情显然受到了影响。不论我多么卖力讲，都觉得自己讲得很干涩。讲了差不多 10 分钟，有些孩子还在书包里找书找本子，心里那个气愤，无以言表。这种混乱的局面偶尔经历一次，算是体验，若长期如此，这群孩子的成长真的就堪忧了。

马卡连柯说，即使是最好的儿童，如果生活在组织不好的集体里，也会很快地变成一群小野兽。这就说明，当孩子还未获得自我管理及自我控制的能力时，需要通过外部管理来督促他们形成良好的习惯。

如果学生在小学阶段没有养成良好的学习习惯、习得良好的学习品质，他们在初中就很容易变成学困生。决定学生成绩优秀的原因当然很多，但抓好课前管理，培养学生良好的课前准备习惯，一定是减少学困生的有效办法之一。这个观点已经在我多年的班主任工作中进行了反复验证。

那么，作为班主任，该如何抓住课前的3分钟对学生进行训练，进而让他们养成良好的课前准备习惯呢？

一、加强课前常规训练

没有规矩，难成方圆。不论孩子多么小，都需要给他立规矩，并且温和而坚定地将规矩贯彻落实到底，这样养出来的孩子才周正有矩。那么，课前可以给学生立一些什么规矩呢？

（1）预备铃声一响，学生无论处在学校哪个位置，在做什么，都要立即奔向教室。

（2）入室即入座，屏息静心。

（3）根据课表安排准备上课用品。

课前常规只针对课前要求制定，最多3条，要对学生反复训练。违反课前常规不算犯错，除了提醒就是反复训练。具体训练方法如下。

班主任提前站在教室门口，预备铃一响，就从5开始倒数：同学们，比比谁的动作快！开始，5，4，3，2，1，谁最先坐在自己座位上了？然后扫一眼教室，对快速坐到座位上的孩子进行表扬，对动作缓慢的孩子要提醒。下一次，要特意走到动作缓慢的孩子跟前，用洪亮的声音刺激他。这些孩子在充满激情的声音刺激下，就会心跳加速，动作也会加快。如此反复训练，孩子就会形成条件反射：一听到上课铃声就会冲进教室坐在自己的位置上。这个训练方法还能改掉孩子动作缓慢、磨蹭的毛病。

二、现场培训班级管理者

班主任把孩子们训练得能准时进入教室后，就要培训小助手进行课前管理。那么，如何培训小助手呢？

1. 培训气场强大的纪律委员

班主任在选纪律委员时，除了考虑其管理能力和责任感外，还要从性格上考虑，最好选择力量型性格的孩子。这种性格的孩子坚韧，原则性强，并且内心强大，不怕得罪人。

纪律委员人选定好之后，就要对其进行一对一的培训：纪律委员站上讲台，两脚与肩同宽，腰背挺直，目光炯炯，表情严肃，如果此等做法还觉得不够踏实，可以两手撑住讲台，形成一个稳定的三脚架。这样做是为了让管理者形成较强的气场。姿势调整好后，纪律委员的两眼要从左到右环视，然后再从右到左环视。建议纪律委员的眼睛不要只盯着某一个同学看，万一那个被盯着的孩子是个戏精，对着纪律委员做个鬼脸，纪律委员的注意力就会被转移，气场立即减弱，学生就会笑场，教室里就会出现混乱局面。还建议纪律委员不要盯着某个固定点看，被管理的同学心想，反正你都没看到我，我做点小动作你也不知道，管理效果也会大打折扣。因此，纪律委员要善于用表情及身体语言来告诉被管理的同学：请安静，请遵守规则！

2. 培养善于发指令的学习委员

学习委员站在教室的后面，负责发指令。指令要简短有力，最好用肯定陈述句来作指令语。这样的指令语气坚定，态度鲜明，容易入脑入心。如果用否定陈述句来发指令，意思当然也能表达清楚，但听者很容易将否定词屏蔽。比如发出“不准讲话”这样的指令，听的孩子很容易把“不准”屏蔽掉，装进脑子的反而是“讲话”这两个字。那么，有效的课前管理需要发布哪些指令呢？

（1）请安静！这三个字简短有力，表意清楚。发声时最好气沉丹田，低沉有力。学生听到这个指令后，就会很顺从地闭紧嘴巴，调整身心，大脑就会开启“上课”这个模式。

（2）清空桌面！为什么要清空桌面？稍有经验的老师都知道，学生桌面上的东西太多太乱，书本堆得太高，会转移他们的注意力。我经常看到有些班级学生的桌面上堆成了书山，甚至还有镜子、梳子。学生都是低头看脚背的人，他们哪里可能像成年人那样理性地思考未来，心里想的就是“怎么玩”。既然桌面上有一个堆成山的屏障，为何不借助这个屏障来遮挡？看小说，玩手机，或者写些与课堂无关的内容，那是常有的事。既然桌面上有镜子、梳子，何不照照镜子、梳梳头呢？这些小动作确实无伤大雅，但势必会分散学生的注意力。时日一久，他们就听不懂老师的讲课内容，慢慢地变成班里的学困生。说句不好听的话，很多学困生是人为造成的，是老师疏于管理、放任学生造成的。因此，我要求学生在正式上课前必须清空桌面。多余的书本必须放桌洞里，桌洞放不下，就自备环保袋，将多余的书本装入环保袋挂在桌子两边的挂钩上。如果环保袋都装不下，请自行将多余的书本堆在桌子底下。隔段时间，我还会安排卫生委员把学校的大塑料桶抬到教室门口，要求学生运用“断舍离”的理念，将与学习无关的书本彻底清除掉。一个人，不论是在物品还是精神上，都要敢于与干扰自己成长的因素断舍离。

（3）准备课堂“三有”！何谓课堂“三有”？简单说就是“有书、有笔、有本子”。以我的语文课堂为例，我进教室上课，桌面上只允许学生放语文书、语文作业本（有时是语文试卷）和一支笔，其余一概不得放在桌面上。这就是所谓的课堂“三有”。其他学科亦如此，绝不含糊。

发出这三个指令后，学习委员就只需安静地站在教室后方，与纪律委员目光相对。试想一下：当你坐在教室里，前面有人“虎视眈眈”地来回扫视，后面有人目不转睛地盯着后脑勺，你会不会按照指令发出者的要求去做事？回答当然是肯定的！

3. 培养各尽其责的优秀科代表

我班每个学科的科代表最少 3 个人。纪律委员和学习委员履岗就位后，这 3 个人要同时出场。首席科代表手拿教材，翻到要阅读的页面，站在讲台的旁侧安静等候。两个助手科代表则在行间巡视，提醒大家保持安静，清空桌面，准备课堂“三有”。待大家准备完毕，除了首席科代表外，其余学生都回到座位。首席科代表则领着大家大声地读书，用书声等候科任老师来教室上课。

比如语文课，我一进教室，就要听到学生的读书声，看到桌面上整齐地摆放着课堂“三有”，整个教室给人整洁清爽、有条不紊的感觉。学生齐读课文时，我就安静地等他们读完。如果我希望他们停止朗读进入课堂，就会做一个

“暂停”的手势。学生看到这个手势就立即停止朗读。我双手掌心朝上，轻轻一抬，学生就全体起立。师生问好之后，我双手掌心朝下，轻轻一压，学生就坐下。一落座，学生就会用洪亮的声音喊出上课口号：屏息凝神，洗耳恭听。“听”字声音一落，我就顺理成章地进入语文教学活动。整个过程我没有说一句话，但师生高度默契，非常有仪式感。

或许有老师会说，需要训练多久才能达到这种理想的效果？这个要看训练者的权威度与受训者的配合度。老师有权威，学生肯配合，半个学期下来，效果就很好了。

第一次训练，我会手把手地教这些班级管理者怎么做，甚至连表情、肢体语言都会示范给他们。第二次训练，我就只需提醒，然后站在教室门口看着他们管理，做得到位，竖起大拇指为他们点赞，做得不到位，就耐心地给他们再示范。如此三四次，管理者就能熟练地操作了。如果班级学生性格整体比较安静，这样的管理坚持一两周就可以达到理想的效果。如果班级学生性格整体比较浮躁，则要坚持一个多月才会达到较满意的效果。

也有人问过我，为什么要做这样的课前管理呢？

咱们先来思考一个问题，如果不做课前管理，科任教师进教室上课是否很顺利、很舒心呢？如果回答是肯定的，那自然用不着。但如果不做课前管理，科任老师每次进教室上课都不顺利、不舒心呢？那就必须做好课前管理。此外，学生的听课习惯没有在小学阶段养成，到了初中，学科难度加大，学科内容增加，很多在小学成绩看起来很不错的孩子，学着学着就学不动了，最后就会错过成长的最佳时机，尤其是男孩子，特别令人痛心疾首。

接着来看孩子们表现出来的状态。课间过度的喧闹会令他们大脑里的多巴胺加速分泌，进而无比兴奋。上课铃声响了，他们的心还在“玩”上，注意力怎么可能集中在老师的课堂上呢？小学阶段学习难度小，看起来没有太大的影响，但到了中学，知识难度加大，那些上课了还不收心的孩子，成绩“咻”的一声就掉了下来，简直是“飞流直下三千尺”，没有任何的缓冲。

再说，学生课间尖叫、狂啸、追赶打闹，搞得汗流满面，血流加速，课上了 10 分钟心里还跳动着一团燥气，学生根本静不下心来听老师讲课。所谓“静心则专，静听则明”，孩子们的心静不下来，又怎么专？怎么听得明白？长期如此，这些孩子即使在小学是学优生，到了初中很容易退化为学困生。

还有一点，孩子们躁动的心理，无序的课前准备，会令经验不够丰富、情绪管理不到位的老师产生焦虑，讲课质量难以保证。

总之，想要科任老师幸福，想要学生有优异的学习成绩，想要学生上了初高中有持续发展的能力，班主任就要进行课前管理，帮助学生养成优良的课前准备习惯。这个习惯的好坏，决定着学生未来的学业成绩是否优异。

如何培养小学低年级学生的优良习惯？

习惯的力量很强大，一经养成，很难改变。这个道理大家都懂，为何仍有很多孩子没有养成好习惯呢？因为他们在小学一二年级最需要养成好习惯的时候，被老师和父母耽误了。可以这么说，小学一二年级，是孩子养成学习习惯和行为习惯的最佳时期。这个良机若被错过，小学高段或者初中再想养成良好的习惯不是不可能，但成本大，见效慢，而且因不良习惯造成的成长损失也很难补救。那么，针对低年级孩子，老师和父母需要怎么做才好呢？

一、理念上的学习

首先，在教育理念上，我建议老师和父母参考简·尼尔森的“正面管教”理念：温和而坚定。

另外，也可参考张文质老师的家庭教育理念——“教育是慢的艺术”。拿出老农种庄稼的耐心，做好每一步必做工作，然后静心以待。所谓的“慢”，并非指消极怠慢，而是行动上要快，心态上要慢，要有等待的意识。

二、在校需要养成的好习惯

有了理念支撑后，就必须将其落地。不过在做之前，我们必须深入了解小学一二年级的孩子究竟有什么特点，毕竟了解是有效教育的前提。

（1）情绪容易波动，遇到不顺心或者自己搞不定的事就容易哭闹。

（2）同学间发生摩擦不能独自解决，喜欢找老师告状。

（3）对老师有较明显的依赖感。

（4）对师爱很迫切，喜欢在老师面前争宠。

（5）喜欢交朋友，但关系不稳定。

（6）没有能力自我评价，所以特别喜欢被表扬。

（7）注意力不集中，特别容易走神，或者干扰别人。

（8）自控力特别差，管不住嘴巴和手脚。

（9）好奇心特别重，各种问题问不完。

（10）随意性很大，主意改变很快，没定性。

了解到低年级学生的特点后，你是不是觉得他们其实是一群很单纯、很可爱的小天使呢？不过，老师要是不好好调教这些小天使，几年下来，天使的翅膀一旦断了，他们就问题频出了。

1. 课堂习惯养成攻略

课堂是孩子成长的主阵地，一旦失守，全班沦陷。因此，班主任除了针对低年级学生制定必要的课堂纪律外，一定要帮助学生养成良好的课堂习惯，这有助于学生进入高年级时稳步上升。由于小学生心智低幼，不善于从长句子中抓住关键信息，我建议用简单的三字口令培养他们的习惯。

（1）预备铃响。进教室，回座位，闭小嘴，拿书本。

（2）正式上课前。呼起立，互问好，齐坐下，静心听。

（3）正式上课中。要发言，举小手，大声讲，认真听，答得好，齐鼓掌。

（4）老师提问。师提问，必作答，我懂了，我不懂，声洪亮，说清楚。

（5）做课堂作业时。拿出笔，亲动手，快快做，不下位，不吵闹。

（6）课堂素养。受责罚，甘心受，旁观者，不起哄。紧闭嘴，不扰人。给掌声，鼓励人。

除了口令，老师也可用一些肢体语言。比如，学生窃窃私语时，老师可以轻嘘一声，示意孩子安静。如果学生正在讨论或者朗读，需要停止，老师不妨做一个暂停手势，直到学生彻底安静下来，才把这个手势撤下。

总之，一定要做个不吼不叫的老师，温和而坚定地推动孩子执行，然后耐心地等待孩子成长。

2. 课间习惯养成攻略

（1）下课第一件事一定要提醒孩子上厕所。

（2）不跳楼梯，不从高处往下跳，不爬栏杆，不滑扶手，不做有危险的动作。

（3）课间如果要开展游戏活动一定要到学校操场，不可以在走廊聚集、楼梯口乱蹦跳。

（4）可以喝水，喝牛奶，吃蛋糕，但不可以吃辣条、喝可乐，也不可吃带重色素的零食。

3. 集会活动习惯养成攻略

（1）排好队，静悄悄地鱼贯而出，不出列，不叽喳，不推搡，不插队。

（2）到指定地点坐好或者站好。坐姿端正，不驼背，不跷二郎腿，双手轻轻搭在腿上。站姿挺拔，两脚与肩同宽，抬头挺胸，两眼平视前方。

（3）集会时闭紧小嘴，认真听讲，不说话，不张望，不引人注意。

（4）穿戴整齐。

学生一旦出了教室，就好比脱缰的野马，活泼欢脱的个性暴露无遗。很多老师面对这种乱糟糟的状态特别容易发火，进而声嘶力竭地吼叫。其实，老师越吼，孩子们越不听。我建议老师们在带学生出教室门时就要与他们“约法三章”，比如提前告知他们，如果列队参加集会活动随意出列、吵闹就要取消他们的活动资格，还可以与他们商量使用一些手势提醒他们安静守纪。

4. 学习习惯养成攻略

很多孩子到了小学高段或者是初中，成绩“哧溜”一下就下降了。是他们脑子笨吗？不是！是他们缺乏学习的动力吗？也不是！是他们懒惰吗？更不是！主要原因是他们的学习习惯太差，因此在小学低年级帮助学生养成良好的学习习惯尤为重要。那么，在小学低年级需要帮助学生养成哪些优良的学习习惯呢？

（1）学会用笔在书上做不同的标记，如重点内容在文字下面标“<>”，有疑难的地方在文字下面画“——”并在旁边写上“？”等，以便老师讲课时多留心这些地方。

（2）课前做好准备，自觉检查课本、课堂笔记本、课堂练习本和必需的文具是否准备齐全。

（3）课堂上精力集中，专心听讲，积极思考，全身心地投入学习，听不懂老师的讲解时，要适时举手发问。

（4）注意做好课堂笔记。课堂笔记不照抄老师的板书，重点记录自己弄不懂的问题老师是如何讲解的，以及同学的好观点、好方法等，便于复习时用。

（5）注意积累资料，对自己的作业本、试卷、笔记本、纠错本等做好整理和积累，并时常翻阅、随时复习。

（6）独立、认真、按时完成老师布置的各类作业，不抄袭别人的作业。

（7）做作业时要专心，不边玩边写，不边吃边写，书写时要想好再下笔。

（8）写完作业必须认真、仔细地检查，能检验答案并找出错误及错误的原因，及时纠正。当作业本、练习本、试题等下发后，首先查看老师的批改，对老师指出的错误必须及时纠正，不放过一个错字或错题。

5. 其他注意事项

低年级学生的自我管理能力还没形成，班主任要多与他们在一起，守住自己的教室，做到六个防患（此六防摘自网络）。

（1）防磕碰。不在教室中追逐、打闹、做剧烈运动和游戏，防止磕碰受伤。

（2）防摔。需要登高打扫卫生、取放物品时，要请他人加以保护，注意防止摔伤。

（3）防坠落。无论教室是否处于高层，都不要将身体探出阳台或者窗外，谨防不慎发生坠楼的危险。

（4）防挤压。教室的门、窗户在开关时容易压到手，也应当处处小心，要轻轻地开关，留意是否会夹到他人的手。

（5）防火灾。不带打火机、火柴、烟花爆竹、小鞭炮等危险物品进校园，杜绝玩火、燃放烟花爆竹等行为。

（6）防意外伤害。不准带锥、刀、剪等锋利和尖锐的工具，不能随意放在桌子、椅子上，防止有人受到意外伤害。

三、在家需要养成的好习惯

班主任只要把上述工作做到实处，学生就会越来越好。只是，令老师们忧心忡忡的是：老师在学校费尽心思帮学生养成好习惯，家长却在家里纵容孩子的坏习惯，两相抵消，等于白做。老师的担忧不能说没有道理，我也曾遇到不少这样的家长。因此，为了达到更好的教育效果，班主任还要指导、鼓励家长督促孩子养成良好的作业习惯和生活习惯。

1. 需要养成哪些良好的作业习惯？

（1）放学回家后首先完成老师指定的家庭作业。写作业时要规定时间，把孩子周围所有转移注意力的东西拿走。

（2）写完作业可以喝杯水，吃点水果，时间允许的话可以出去玩一会，时间不充足的话可以看会动画片，但要限时。

（3）作业做完后，必须把各科作业分类整理好，再按语文、数学、英语的顺序收到书包里，然后将书包放在大门内侧柜台上。

（4）吃完饭休息 30 分钟，这个时间父母可以陪孩子聊天，一起做游戏，父母和孩子最好都不用手机。休息时间结束，父母陪孩子看 30 分钟绘本，也可以给孩子朗读故事。

特别提醒：孩子写作业时，家长要陪伴，不是孩子写作业，家长看手机！

2. 需要养成哪些良好的生活习惯？

（1）两个月换一次牙刷。

（2）随身携带纸巾。

（3）出门前认真检查包里的物品。

（4）锁门后再确认一次。

（5）看书或电脑时，每小时休息 10 分钟。

（6）不要乱动别人的东西。

（7）用过的东西放回原处。

（8）吃完饭半小时后刷牙。

（9）去同伴家玩，或者滞留学校时，要提前告知父母。

（10）自己过生日那天，记得跟妈妈说声“谢谢”，为妈妈准备一份礼物，哪怕是一句简短的问候。

（11）学会整理自己的房间和书桌，将其整理得井井有条。

（12）睡觉不要蒙头，保证充足的睡眠——小学生每天应保证 9 小时的睡眠时间。

（13）早餐必须吃且要吃好吃饱，尤其要吃鸡蛋和牛奶。

（14）要有自己的专用卫生用具，勤修指甲，勤洗澡。

如何有效解决学生总是迟到的问题？

学生迟到这种现象能否杜绝？我以为是不可能的。即便学生主观上没有迟到的意愿，有时因一些客观因素也会迟到。偶尔的非主观因素的迟到，可忽略不计。

但学生如果经常迟到，那就一定有问题了，并且是个不小的问题。遇到这种事，通常情况下，班主任是怎么处理的呢？

一、两位老师不同的处理方法

先来看两位老师是如何处理的。

1. 惩罚

第一位老师，采用外部控制的方法：规定凡迟到一次罚值日一天。结果怎么样？一学期下来，我翻看了班级日志，发现从学期开始到结束，不迟到的同学依然不迟到，迟到的同学依然经常迟到。

我并不反对惩罚，对有些孩子来说，适度的惩罚是有效果的，甚至还会出奇效。但我始终不明白，一个学期下来，迟到的同学依然经常迟到，这位老师都没调查分析这些学生为何会迟到。他也知道惩罚效果不佳，但没想过为何不佳，而是想到换惩罚方式。比如罚站，第一次站座位上，第二次站教室后面，第三次站教室外面；或者对屡教不改者，让他们作检讨、写保证书。

这位老师后来总算明白，处理问题之前要搞清楚问题产生的原因。但他仍然没有调查、分析，更谈不上诊断和对症下药，而是戴着温情脉脉的面纱，不遗余力地忽悠。比如，当再遇到迟到的学生时，他不再说“怎么又迟到了，今天你值日”，而是问“同学，你吃过早餐了吗？”据这位老师说，这招还真灵，孩子迟到现象越来越少。

我不否认这个办法有一定的效果。但前提是，学生的综合素质要高，或者用佛教里的话来说，要有慧根才行。如果你遇到的是一个脑子不开窍的孩子，这个方法有效吗？

2. 鼓励

我们不妨来看第二个案例，这位老师和颜悦色的鼓励究竟产生了多大的效果。这位老师算得上一位爱学习的老师，他读过魏书生老师处理迟到问题的另类技巧。魏老师是怎么处理的？回放一下：上午第一节课，铃声响过，魏老师正给学生讲语文。教室门外，一学生喊："报告……""请进！"老师说。这位迟到的学生红着脸，低着头走进教室。当看到这位学生满头大汗、气喘吁吁的时候，魏老师和颜悦色对他说："虽说你迟到了，可老师不批评你，反倒要表扬你，你一定不想迟到，看你为了赶课跑得汗流浃背的，所以我提议（魏老师对全体学生说）我们为这位迟到的学生鼓掌！"教室里顿时响起雷鸣般的响声……从此，这个学生再没迟到过。

这确实是一种教育成本极小的处理方式，那为什么会出现高收益的情况？这里面值得思考的东西很多。可是这位老师没分析过原因，就照猫画虎、生搬硬套，结果这位迟到的学生第二天还是迟到了，第三天、第四天还是一如既往地迟到。

这位老师显然没想过：魏老师的做法成功了，你跟魏老师是一样的吗？你的学生跟魏老师的学生一样吗？魏老师的学生处在什么时代？你的学生又处在什么时代？虽然同为迟到事件，但人、时、境完全不同，岂可复制？

很多老师面对学生群体产生的问题，首先想到的便是罚，罚而无用的时候就哄，所谓的表扬、鼓励、师爱便是，说白了，就是忽悠。忽悠不住了，就抱怨。为何老师们都喜欢用这套把戏？因为省时省力省事，耍嘴皮子功夫多轻松。可那不解决问题，留待文学家去抒情吧，我们还是实事求是地调查情况，分析原因，然后对症下药吧。

二、学生迟到的类型与解决方案

1. 意外情况，偶尔发生的迟到

比如，闹钟坏了，路上堵车，自行车突然坏了，突然生病等。

解决方案：对于这些因客观因素造成的迟到，一般采用理解、原谅、忽略的策略比较好。老师只需淡淡提起，或者是关切地问问情况，叮嘱学生今后注意就行了，不必深究。

2. 慢性子，做事拖拉造成的迟到

比如，早餐吃得太久，上学时找不到书包等。

解决方案：

（1）让孩子承担拖拉造成的后果，不要替他们做什么，也别总是提醒他们。

（2）教孩子提高做事的效率。比如，晚上临睡前就把第二天用的东西准备好，放在容易拿到的地方，以免临时找耽误时间。还可以告诉孩子经常用笔把该用的东西和需要做的事记下来，防止丢三落四。

（3）说服家长给孩子定规矩，勤督促。

（4）激发孩子的好胜心，在与同伴的比试中克服拖拉的毛病。孩子做事效率高，迟到现象就会骤然减少。

3. 赖床造成的迟到

比如闹钟响了，明知道再不起来就要迟到，但就是不想起来。

解决方案：赖床族是怎么产生的呢？一是睡觉时间不固定；二是意志薄弱。针对这种情况，老师一定要与家长沟通，指导家长监督孩子执行严格的睡觉时间，定好早晨起床的闹钟，闹钟一响，就要让孩子起床。如果孩子不起床，家长要强制孩子按时起床。只要坚持一段时间，赖床族对床的依赖心理就能遏制。

4. 厌学、厌恶老师，不愿到班级造成的迟到

比如，有些学生成绩差，又不受老师待见，对学校和老师很畏惧，所以总是磨蹭，导致迟到。

解决方案：接纳、关爱才能让孩子向往教室。任何一个孩子，只要觉得在教室里得不到同伴的友谊，得不到老师的认可，他对教室就会产生恐惧，自然不愿意早早到教室。一线老师都知道，很少有学业优秀和人际关系和谐的孩子迟到。有些孩子学习不好，真不是他不想学，而是他确实没有能力学好。所以，以一颗平常心去看待后进生，不放弃他们，不嫌弃他们，陪着他们成长，看着他们一点点进步，这样的孩子还会热衷于迟到吗？

5. 为引起老师的注意，故意迟到

解决方案：这种现象很少，但确实存在。找出孩子想要引起老师注意的原因，如果确实是老师平时比较忽略孩子，那平时就要多关注他。但如果仅仅是用迟到来引起注意，那就冷淡对之，给予适度的惩戒。

6. 没有理由，习惯性迟到

解决方案：心理学家说，习惯性迟到包含一种很深但却不容易觉知的心理——尽可能多地待在自己的世界里，尽可能少地进入别人的地盘。我当然不否认学生存在这种心理，如果确实有学生的迟到行为经过分析诊断属于这类心理疾病，就要指导学生接受现实，活在当下。这是一个很麻烦，也很持久的事情，需要老师的耐心及丰富的心理学知识。

但据我多年的教育实践经验来看，这类心理疾病少之又少，更多的则是时间观念差或者是规则意识差造成的习惯性迟到。针对这种情况，老师就要反复地培养学生的时间观念和规则意识。

迟到现象，就其表面来看，只是一个不良习惯。但如果深究其背后，却能挖出很多行为乃至心理的问题。因此，老师们在遇到此类事情时，切不可学文艺范，以为只要鼓励、表扬、献爱心就可以解决问题，更不可把希望完全寄托在惩罚上，而是要以一种科学的态度，理性冷静地调查、分析、诊断，然后对症下药。总之，处理问题的思路对了，问题才更容易解决。

如何在低龄化班级进行团队建设？

小学生，尤其是低龄段小学生，班主任有没有必要带着他们进行班级管理团队的建设呢？我认为很有必要。团队精神、合作能力、服务意识、沟通能力、执行力、领导力等，都是人在与人群相处时应该具备的基本能力。这些能力的形成需要老师创设情境，提供平台，让学生在参与中习得。那么，班主任在进行低龄段班级团队建设时需要哪些理念做支撑呢？

（1）全面卷入，全员参与。

（2）做事成人，成人做事。

（3）争当主人，自我成长。

（4）找到位置，成为自己。

（5）培养习惯，从事做起。

我们常说教育的核心是激扬学生的生命，要以学生的可持续发展为本。既然如此，老师就应该给每个孩子创造被激扬的机会，通过他们力所能及的劳作提升自身可持续发展的能力。写到这里，我想起不少老师在网上跟我吐槽过，说小学低年级的孩子只知道闹腾，哪里做得好事情？班主任还不得当保姆事事亲力亲为，真是累死也没人看见！累，固然是真的，但若说小学低年级的孩子什么都不会做，恐怕是不了解低龄段孩子的特点吧。那么，低龄段孩子普遍有哪些特点呢？

（1）好表现，渴望得到老师、同学关注。

（2）喜表扬，渴望得到老师、同学认可。

（3）爱折腾，生命充满无穷活力。

（4）乐参与，渴望获得平台展示。

单从低龄段孩子表现出来的生命特征，我们就应该知道，即使是七八岁的孩子，他们仍然有掌控的欲望，有获得他人认可的迫切愿望，需要在团队里找到自己的位置并稳稳地坐上去，获得归属感。既然如此，班主任该如何带领这群孩子进行团队建设呢？

一、利用领头羊效应找到各领域的“老大”

“老大”这个称谓当然并非永远归属于某些人，在孩子的成长过程中，有无限的可能，也有太多的不确定性。我们能找出的，只是阶段性的佼佼者。“领头羊”一般有如下特点。

（1）有威信，有人气，有话语权。

（2）会说话，会做事，会看形势。

（3）习惯好，学习好，有责任感。

（4）善管理，会沟通，气场强大。

他们可能在语文学科是领头羊，也有可能是数学方面的奇才，还有可能有运动天赋，会唱歌，善跳舞，写得一手好字，甚至还能弹奏乐器……总之，他们不是全能，但一定在某个方面是行家。哪怕只会玩，对孩子而言，也是优点。想想，不会玩的人多么无趣啊！

老师要尽可能地睁大双眼，蹲下来，走进孩子的生命，帮孩子找到他们擅长的领域，带着他们扬长避短，朝优势发展。同时，老师也要明白，很多孩子未来并没有在他们擅长的领域里大显身手，有很多人在他们的短板领域也取得了不俗的成绩。因此，老师在助力学生天赋发展的同时，也要创造机会弥补学生的不足，后天教育不可忽视。

找到了各领域的领头羊，意味着团队建设迈开了第一步。毕竟手上有人，并且是有能量的人，组建团队就胸有成竹了。

二、尊重性格差异，做到知人善用

性格是一门复杂的学问，要窥尽其中奥秘，所费时间和心力甚多。尤其是小孩子，属于动态式成长，他们身上有无尽的可能，所以老师一定要灵活运用，适时调整。我们通常说性格具有一定的稳定性，但对孩子而言，稳定性并不强，除了基因影响外，后天的成长环境、成人的指导，其影响也是非常大的。对于低龄段孩子性格特点的划分，标准不必太多，也不要搞得太复杂，就根据孩子平时的表现分外向和内向即可。特别提醒：这里的分类仅是我近30年的教育观察得来，经验主义较多，学术成分不浓，仅供参考，不可盲从。

（1）外向主动型、外向揽事型、外向操控型。

（2）外向被动型、外向懒散型、外向滑头型。

（3）内向主动型、内向完美型、内向严谨型。

（4）内向被动型、内向自卑型、内向抗拒型。

对照上述分类，我们就知道该如何给孩子设置岗位，分配活了。

外向型孩子，给他们安排协调、沟通、组织、掌控型的工作。

内向型孩子，给他们安排劳作型任务，如管理卫生、收发作业等。

对于那种被动的外向型孩子，老师要使劲拽，简单明了地直接安排。他们一旦弄清自己要做什么，还是会很认真地完成的。对于那种懒散的外向型孩子，老师要使劲推着他们前进，千万别放弃，只要他们从做事中找到了成就感，懒筋就会慢慢萎缩。对于那些喜欢耍滑头的外向型孩子，不要客气，必须一针见血地指出他们的不足，严格要求他们改正自己的不良行为。在此，我特别要提醒一些年轻的老师，严格不等于打骂，而是温和而坚定地执行。

如果说针对外向型孩子，老师的工作作风需要泼辣一点的话，针对内向型孩子，老师的工作作风就要温和一些。毕竟内向的孩子胆子小一些，脸皮薄一些，如果老师说话不走心，做事不走脑，就凭着一股子泼辣爽利劲，会把孩子吓着的。特别是那种自卑又被动的内向型孩子，老师要给予信任、鼓励，以及细致的指导，甚至手把手教他们怎么激发自己的热情。对于那种抗拒心很重的孩子，不要太勉强，先给他找个位置，不能让他产生被边缘的感觉，然后再一点点挖掘孩子的内在世界，看看他的精神世界究竟缺了什么，找到根源，就能对症下药。

还有一种情况也不能忽略，就是有些孩子不问世事，不参与任何团队，就喜欢一个人安静地做喜欢的事。对于这类学生，不要急于改变他们，只要他们在自创的氛围里认真地成长，就不是坏事。说不定这些孩子今后就是某个领域里的牛人！要知道，优秀的人都是孤独的，不扎堆，他们专注于某一领域，上下求索，有何不可呢？

三、给班级管理团队取一个酷帅的名字

把学生的情况了解清楚后，如何把他们合理地分配到相应的团队呢？

生生之间不太熟悉时，老师可以指派；相互了解后可以推荐或自荐，还可以组织大家竞选。这里可能会产生一个疑问，竞选时允许不允许学生拉票呢？必须允许！可以给竞选者一周时间，私下宣讲自己的管理理念，也可以专门安排一节课，让竞选者在班上公开宣讲，赤裸裸地拉票。不过，这一切都建立在遵守规则之上。什么规则呢？那就是竞争者不可以向投票者行贿，如送小礼物、请吃东西。还有，竞争者可以把自己说成一朵花，但不可以诋毁其他竞争者。

团队组建好后，得根据团队职能给团队取名字。通常情况下，老师们都很官方化地把团队叫作班干团队、科代表队伍、卫生组织、特殊岗位（指特意为班上那些学习和能力相对较差的孩子特设的岗位）。这种叫法当然没错，但不好玩，不符合孩子的年龄特点和心理特点。所以，老师要开动脑筋，玩出花样，给刚组建的班级管理团队取一些好听又酷帅的名字，孩子们一定会视若珍宝。

我个人特别喜欢看漫威英雄大片，更喜欢看“侠”字系列的英雄大片，不如就让每个孩子做侠客。这不仅是搞班级管理，更是在做班级文化。比如班干团队，就叫“钢铁侠”；科代表队伍，就叫“蜘蛛侠”；卫生组织，就叫“蝙蝠侠”；特殊岗位组织，叫“绿灯侠”；收发作业的组织，叫“闪电侠”；维护纪律的组织，叫“铁胆侠”；安全部门，叫“青蜂侠”；四个大组长的组合，可以叫“神奇四侠”……只要老师愿意打开脑洞，金点子就会层出不穷，学生也会欢喜无限，积极参与，谁不想成为酷帅的侠客呢？

四、让每个孩子都有当班长的机会

班长是一个班级的精神领袖，是舆论导向的风向标，是与老师一起打造班级梦想的关键性人物。因此，班长一旦产生，应具有一定的稳定性。但是，若

班级的权力中心总是由一两个孩子把持，显然对别的孩子不公平。因此，我建议让每个孩子都过过当班长的瘾。怎么操作呢？那就是设置“值日班长”岗位，构成“大黄蜂组合”，让孩子们轮流当班长，也就是说，每个孩子都有机会担任为期一周的铁骨柔情的大黄蜂。这一周里，值日班长权力相对集中，全面主持工作，当然，也会受到导师型班长的牵制，不然有些孩子会出现权力滥用的现象。至于稳定性班长的出炉，则由班主任把控，一定要选出班级里最优秀的孩子来做。通常情况下选 2 名，一名是导师型班长，一名是执行型班长。班长的名字也要让他们有耍帅的感觉。如果是女班长，可以叫惊奇队长；如果是男班长，可以叫蜻蜓队长。

五、培养各位“侠客”的管理能力

不论前面玩了多少花样，如果孩子们的能力不能提高，所有的努力都成了摆设。因此，团队一旦组建，能力培养就要立即跟上。

1. 根据需要设置岗位，将每个岗位要做的事细化成条款

一定要用描述型语言，把每个步骤都要表述清楚。比如，安排“闪电侠”收作业，一定要明确标示。各科“闪电侠”提醒“神奇四侠”收各小组作业，人员、任务、范围都要明确，然后再交闪电侠送到相应学科老师的办公位。我把这种培训称为方向性培训，必须清楚明了地给学生指明方向。

2. 能力培训

这是针对各位侠客在“行侠仗义”时出现的问题进行培训。比如现场培训，侠客们在工作时，班主任在一旁默默看着，如果没有问题，则竖起大拇指点赞；做得不好，不要指责，而是走近孩子，和颜悦色地指导他：你试一试这样做，效果会更好！总之，低龄段孩子，在他们没有成为管理熟手时，是需要老师手把手教的。老师要拿出耐心，相信自己，更要相信孩子，无论任何困难，孩子们都可以克服！还可以采用学长制，也就是请高年级有丰富管理经验的学长手把手地指导低年级学生协助班主任管理班级。兵教兵的效果不容忽

视，有时好于老师的教导。

六、低龄段班级管理团队建设注意事项

低龄段孩子不同于中高段孩子，他们很稚嫩，自我管理能力较差，因此，老师一定要扶着孩子往前走，也需要注意以下事情。

（1）逐渐放手，但不能甩手。

（2）一定要反复培训，从细节入手。

（3）一定要重视孩子的信息反馈。

（4）一定要帮助孩子搞好人际关系。

（5）一定要获得家长的支持，必要时请家长参与。

（6）一定不要引发孩子之间的过度竞争。

（7）一定要帮助孩子树立服务意识，不可搞权力寻租。

（8）学期结束时的评审一定要公正（最好有官方和民间的评审团）。

最后，我再做个小结：理念指导，行事有依；充分了解，知人善用；寻找头领，发挥作用；了解性格，能要配位；善于创新，玩出花样；重视培养，随时关注。

不论什么事，看清方向，用心做，就算达不到预期效果，也比不做强得多。尤其是陪着孩子长大，不仅要有花苞心态及静心等待的功夫，更为重要的是，要有温和而坚定的行动。

第三辑

把学生的问题当作自我修行

预防校园欺凌，班主任需要做些什么？

不论是现在作为教师，还是以前作为学生，我们对于校园欺凌行为所产生的不良后果都绝不陌生。或许我们自己做学生时，可能就是一个欺凌者，也有可能是受害者，或者是协助者、附和者、局外人。那个时候，如果能够跳出一个保护者，不管是老师还是学生，不良行为就可能终止，受到伤害的孩子就可能得到安慰与支持。毋庸置疑，班主任必须是孩子的保护者。只是这个保护者是等到校园欺凌出现后，以铁腕手段制止，以超群智慧化解，还是提前做好预案，步步为营，层层铺垫，让校园欺凌胎死腹中呢？我更提倡后一种做法。因为伤害一旦构成，不管怎么修复，在孩子心里都会留下难以愈合的伤疤。那么，防止校园欺凌，班主任究竟需要做些什么呢？

作为一个有近30年工作经验的老班主任，我可以自豪地说：现在所带的班级没有欺凌与被欺凌的行为。我是怎么做到的呢？概括起来就是：摸清三个问题，做好五件事情。

一、学生产生欺凌行为的原因究竟有哪些？

（1）性格不良所致。一般来说，性格中具有强控制欲、急躁、以自我为中心等元素的孩子，更容易产生欺凌他人的行为。

（2）价值观错误所致。有些孩子的价值体系中，形成了“唯我独尊，谁的拳头硬谁就是老大，视生命为草芥”的价值观。因此，只要惹他不开心了，他就要动手打人。

（3）情绪冲动所致。这类孩子主观上没有欺凌他人的意图，但由于不能控制自己的情绪，很容易在第三方力量的引导下产生欺凌行为。

（4）盲目模仿所致。有些孩子主观上并非坏学生，但由于受不良媒介的影响，认为欺负他人的行为很酷，从而盲目模仿，做出伤人的行为。

（5）品德不良所致。有少数孩子由于受了不良教育的影响，形成自私、冷酷、贪婪、好吃懒做等不良品行，从而产生欺凌他人的行为，如敲诈、恐吓。

（6）心理不健康所致。有些孩子因存在一些心理上的疾病，也会有意或者无意对他人甚至自己产生欺凌行为。这种情况非常隐蔽，需要老师特别用心才会发现。

（7）不善处理两性情感所致。进入青春期的孩子，亲情和友情已经无法满足他们的情感需求，渴望爱情来填补他们的感情世界。但由于心智发育滞后于生理发育，他们很容易因表白失败，或者争风吃醋而产生欺凌他人的行为。

（8）学校或者班级管理不到位所致。学校或者班级没有明确的规章制度，或者是容易产生欺凌行为的隐秘空间没有人管理，老师缺乏教育敏感度等，都会引发临时性的欺凌行为。

二、什么样的孩子容易被欺负？

（1）外在形象不佳、性格内向、不善言谈、很害羞、怕惹事的孩子。

（2）在同学中不受重视、朋友很少、在学校中很孤单、被边缘的孩子。

（3）不善于说话、缺乏与朋辈相处的交往技巧、容易引起同学不满和反感的孩子。

（4）有身体残疾或者智力障碍的孩子。

（5）凡事沉默、吃了亏也不敢争取、表达能力不佳的孩子。

（6）性格或行为与班上同学格格不入的孩子。

（7）自身人品存在问题，如撒谎、贪嘴、八卦的孩子。

三、欺凌行为概括起来有哪些？

（1）叫受害者侮辱性绰号，粗言秽语斥骂受害者，指责受害者是废物。

（2）对受害者拳打脚踢、掌掴拍打、推撞绊倒、拉扯头发等。

（3）侵占受害者的个人财产，如教科书、学习用具、金钱、食物等。

（4）传播关于受害者的消极谣言和闲话，恶意公开受害者的隐私。

（5）恐吓、威迫受害者做他或她不想做的事，威胁受害者听从命令。

（6）让受害者遭遇麻烦，或令受害者招致学校处分。

（7）中伤、讥讽、评论受害者的体貌、性取向、宗教、种族、国籍、家人或其他。

（8）分派系、结朋党，孤立、边缘或排挤受害者。

（9）敲诈、强索受害者金钱或物品。

（10）用文字或者图画侮辱受害者。

（11）通过QQ、微博、微信、社交网站等网络平台发表对受害者具有人身攻击成分的言论。

我为什么要摸清这三个问题，目的是对症下药，起到事半功倍的作用。

四、如何预防校园欺凌？

1. 制定明确的反欺凌制度

对于欺凌行为，班主任的态度与立场非常重要。我针对欺凌行为向学生做了非常强硬且明确的表态：对于发生在我班级里的欺凌行为，表示零容忍！不论你是谁，只要你心怀恶意地欺负他人，我对你的不良行为一定不依不饶、严惩不贷！

态度表明了之后，随即推出明确的反欺凌行为的班级制度。这个制度旨在严厉打击欺凌行为，保护弱势孩子。制度如下。

（1）一旦感觉自己受到恶意威胁，请立即向班主任汇报，班主任会百分之百站在受威胁的同学一边。

（2）课间、放学期间，不要在厕所、楼梯口及校园隐蔽角落逗留。

（3）班主任针对欺凌行为进行私访时，被访问同学必须据实以报，不可包庇遮掩。

（4）举报欺凌行为并非告密，而是值得提倡的正义行为。

（5）一旦欺凌行为属实，严格按照学校的惩戒制度执行，绝不姑息。

班主任立场鲜明的态度一表现出来，有些想欺负人的孩子就会收敛行为，一些胆小懦弱容易被欺负的孩子心中也有了底气。

2. 重建人际关系

虽然我手头没有数据，但从自身的工作经历及与数百位班主任的交流之中，可以确定：在一个班级中，人际关系不良是造成欺凌行为的主要原因。因此，班主任在接手一个班级时，一定要对生生关系（男女生关系、男生与男生的关系、女生与女生的关系）、师生关系进行重建，以便形成亲密、和谐、团结、友爱的班级人际氛围。

每接手一个班级，我都会非常明确地告知学生："我要把我们的班级打造成一个可以盛放我们的心，可以安全、自由出入的家！我们就是兄弟姐妹，就是相亲相爱的一家人！"各位读者不要认为这是情感绑架，中小学阶段的孩子，在人际关系这一栏里讲情不讲理。那么，我是如何来重建人际关系的呢？

（1）先弄清楚需要重建哪些关系。一是彼此接纳、亲密、和谐的男女生关系；二是彼此信赖、亲密、和谐的师生关系。这两层关系梳理顺了，再进行男男关系、女女关系的重建。只要整个班级呈现出一种彼此接纳、互相欣赏、互帮互助、相亲相爱的同伴关系，这个班级的学生之间基本上就不会发生欺凌行为。

（2）弄清楚需要重建的关系后，就要具体操作了。首先，是用我的生命撞击男生的生命，以收获一群具有同情心、责任心及宽宏大量的男孩子，从而建构和谐的男女生关系，当然，也收获了男生对我的信任与依赖。接着，我会对女生打几张感情牌，以此收获女生对我的高度信任与依赖。

张文质老师说：教育的核心是激扬学生的生命！那我怎么去激扬呢？先是用我的生命去撞击男生的生命，当着女生的面给所有男生颁布了三条"死命令"，当然也是我的带班底线。

第一，任何男生不可以在任何时间、任何地方以任何理由辱骂女生！

第二，任何男生不可以在任何时间、任何地点以任何理由殴打女生！

第三，班上所有的重活、累活、脏活、受气活，总之，但凡需要出体力的活，都是男生包干，女生旁观。

我这三条"死命令"颁布后，男生对我极其不满，甚至还在 QQ 群里对我进行集体控诉，说我不公平、重女轻男。时机到了，我作为女生代言人，分别从“女孩不容易、很伟大、易受伤”三个方面，很认真、很真诚地向男生讲述了女生与男生不同的特点。

其一，女孩不容易。其实女孩来月经前后副作用很大，腰酸背痛腿抽筋，心焦泼烦想发火。小腹坠痛，头昏眼花，心情很糟糕。有些女孩还会痛经，痛得简直就想在地上打滚，只是她们比较克制。这么严重的副作用，但是该上的体育课一节没少，每天大课间的跑步一步没少，作业一样没少。男孩听得一愣一愣的，完全沉浸在对女性来月经时副作用之大的同情中去了。

其二，女孩很伟大。有一句话是这样说的，托起一个民族的，一定是母亲！女孩不管多么骄横，今后大多要做母亲。可是，现在你们眼里和嘴里的女孩可能并不优秀，如果我们不想办法把她们变成女神，她们今后怎么可能做得了神一样的母亲？所以，孩子们，跟着我，一起去塑造女孩，把她们变成女神，这可是功德无量的事！

男孩听到这里，开始点头附和。不过，他们信心不足，问我：女生脾气那么大，要是惯着她们，我们不就成了弱势群体，一直被她们欺负吗？我笑着说，这个不用急，我会去做工作的，只要你们不刺激女生，事情就好办多了。

其三，女孩易受伤。从男女生的性格差异来看，女性总体上比男性小气、敏感，容易生气、受伤，毕竟女人来自金星，男人来自火星。什么人呢？额头上能跑马，肚子里能撑船，气量大得很，哪跟女孩子一般见识哦！正所谓好男不跟……

男生异口同声地说道：“不跟女斗！”

我用手轻拍一下讲桌，故作激动地说：“就是，男人就要有个男人的样子，才不会把女生气得大眼瞪小眼。那么，怎么做才能把女生惯成女神呢？（1）不奚落女生；（2）不辱骂女生；（3）不殴打女生；（4）重活、累活、脏活、受气活，都是男生干，女生旁观；（5）女生取得成绩真心佩服；（6）好处女生先享，痛处男生先受；（7）坐车给女生让座，出门帮女生提包；（8）女生发脾气（受委屈时）时笑吟吟地听着；（9）冒犯了女生要及时道歉……”

男生听完我支的招数，基本表示赞同。

这堂课上完，我不仅消除了男生对我的误会，还把男生全部转化成我的得力帮手——帮助我把女生惯成神。

一次，有个外班男生试图欺负我班的一个女生，男生们听闻后，“哄”的一声就冲了过去，大声说道：“我们班的女生是神，我们都舍不得动，你凭什么？”吓得那个欺负者借口跑了。

事后，我又把女生单独留下，给她们打了几张感情牌，如下：

（1）女孩是老师的贴心小棉袄。

（2）女孩是班级的带头人。

（3）女孩是男孩成长的引领者。

（4）女孩是推动班级前进的主力军。

（5）女孩是班级的形象大使。

（6）女孩是优秀班级的创建者。

总之一句话：女孩兴，班级兴；女孩衰，班级衰！

给女生打这几张感情牌时，女生从我讲述开始就面带笑意，不停地点头赞同我的说法。有个女孩本来坐在靠后的位置，听着听着就不自觉地坐到前排来了。女孩们还不时地接应我的讲述，苦笑着数落男生的不是，控诉着男生的幼稚。但是听我讲述之后，又对男生之前表现出来的种种不解恍然大悟。女孩们坚决表示，一定要帮助我把雅墨10班带得更好（我向她们示弱，说没有她们的帮助，我什么都不是，什么也做不成，必须依靠她们才能实现我的带班理念）。

很显然，我俘获了每个女生的心，同时也将她们变成我的帮手。我把女生捧在手心里，把男生拴在腰杆上，带着他们一起过美好的日子。我的班级会有欺凌行为出现吗？即便有，那也只是偶然发生的小摩擦，不足为怪。

3. 价值观的重塑

杜威在《民主与教育》中提到：学生只有对教师形成依赖感，才有可能被塑造。我之所以花那么大力气去重建班级人际关系，目的就是要让我的学生对我形成依赖感，在此基础上，我才能育心育人。

通常来讲，支撑一个人的行为模式除了他的思维方式外，还有其价值观。因此，给学生的价值体系里植入“与人为善”的价值观，可以有效地预防学生发生欺凌行为。

我为什么要提倡“与人为善”这个价值观？因为保护自己最好的办法就是遵守规则，善待他人。那么反过来，我们与人为善了，可别人并不善怎么办？当然，我们不能逆来顺受，也不能以牙还牙，而是利用规则来保护自己。

由于与学生形成了彼此信任和依赖的人际关系，所以，我在学生的价值体系里植入这些观点时就非常容易，平时多强调、多关注孩子们表现出来的行为，及时做出回应，孩子们的行为就会越来越规范。

4. 优良性格的培养

从性格心理学来讲，性格无所谓好坏，但一定存在优势与劣势。培养学生的优良性格就是发扬其性格中的优势，修正劣势。我一般是借助“性格色彩学”这个工具，测试出孩子们的性格。这当然不能说绝对准确，但可以参考，孩子们是非常认同的。性格色彩学将人的主性格分为四种颜色：红色、蓝色、黄色、绿色。当然，一个人的性格不可能只有一种颜色，往往是一种主色加一两种辅色，构成综合型的性格，但我们仍然可以从主色性格中窥其优势与劣势。下面是性格色彩学中对四色性格的简要描述。

红色：积极乐观，情绪波动大起大落，真诚主动，开玩笑不分场合，善于表达，疏于兑现承诺，富有感染力，这山望着那山高。

蓝色：思想深邃，情感脆弱，默默关怀他人，喜好批判和挑剔，敏感而细腻，不主动与人沟通，计划性强，患得患失。

黄色：行动迅速，死不认错，善于忠告，控制欲强，感情用事，咄咄逼人，坚持不懈，容易发怒。

绿色：温柔祥和，拒绝改变，为他人考虑，胆小被动，心平气和，没有主见，善于协调，缺乏创意。

从这四色性格中可以探知，红色与黄色性格的孩子，如果劣势成分占了上风，就很容易产生欺凌行为。蓝色和绿色性格的孩子，劣势成分占了上风，就很容易成为被欺凌的对象。

常常听到“性格决定命运”的说法，我不太赞同。性格在很大程度上是先天的，无所谓好坏。但个性就不同了，它是后天修成的，是可以分好坏的。因此，决定一个人命运的应该是个性。所谓好的个性，就是尽可能把性格中的优势发挥到极致，将劣势屏蔽掉，当然，更好的做法是将劣势进行修正。

我帮助学生对其性格进行测试，直面自己性格中的优势与劣势，然后指导他们修正性格中的劣势。比如，红色和黄色性格中都有急躁的成分，我就会安排他们去做一些细致的慢活，尤其是做手工，磨一磨他们的急性子。蓝色性格容易抑郁，我就会教他们如何解释自己的经历。著名的个体心理学家阿德勒在《自卑与超越》一书中说，你经历了什么不重要，重要的是你如何解释你的经历。当蓝色性格的孩子学会了积极且多种途径地解释自己的经历时，他们就不会以心为牢，把自己变成困兽。至于绿色性格的孩子，胆小怕事，往往是被他人欺凌的对象，我就要培养他们勇敢的性格，尽量找机会让他们参与班级管理，策划班级活动，增加他们的成就感，提高他们的积极性。同时，我会把大目标分解成很容易实现的小目标。

根据孩子的性格来帮助他们朝着自己的优势成长，将他们打造成自信、积极、勇敢且有分寸的孩子，班级欺凌行为自然就减少甚至消失了。

5. 稳定情绪的管理

冲动是魔鬼！很多时候，孩子们之间发生纠纷，都是突发性的。有一种犯罪类型叫作“激情犯罪”，是指罪犯在激情状态下犯罪，其行为特征是伤害、杀人、毁物、爆炸等暴力性犯罪，其主体多为青少年。“激情犯罪”产生的主要原因是情绪失控，丧失自我控制力，不能正确评价自己行动的意义和后果。

现在的孩子，尤其是青春期的孩子，情绪特别容易失控，原因很多，难以尽述。我们无法预知孩子们心中那头叫作“情绪”的困兽何时会冲出来咬人，但一定可以帮助孩子看住这头困兽。

我教给孩子们几种管理情绪的方法，平时也会利用各种机会训练他们。

（1）注意力转移法。心情不好时，可以美美地睡一觉，或者去骑车、球场打球、郊外爬山、旷野长啸、跳舞、画画、看电影、唱歌……总之，找点别的事情做，转移不良情绪。

（2）适度宣泄法。找个没人的地方放声痛哭，找信任的人倾诉，写日记把伤害自己的人或者不顺利的事骂个狗血淋头，去健身房做剧烈的运动……总之，找个出口，把心中的郁闷释放出来。

（3）心理暗示法。深呼吸，告诉自己很优秀，很善良，很受他人喜欢。

（4）自我安慰法。天生我材必有用，最坏的结果也就是大器晚成。总之，要学会自我安慰。

（5）交往调节法。男孩，一定要有几个推心置腹的好兄弟；女孩，一定要有几个无话不说的好闺蜜。当孩子心情不好时，可以与自己的兄弟或者闺蜜出去逛逛街、看看海、玩玩沙，好心情立马就回来了。

（6）情绪升华法。想明白自己究竟要什么，确定明确的目标，做一个目标感很强的人。把心思放在目标上，努力朝着目标前进，你连产生坏心情的机会都没有。

（7）幽默解嘲法。学会幽默，学会自黑。杨幂在演《三生三世十里桃花》时，由于要扮演司音这个角色，要绾发髻，于是她的前额就全部露了出来。很多网友吐槽杨幂的前额露出太多，感觉就像秃了。杨幂在微博上自嘲道：你们再说，我就去植发了！各种槽声戛然而止。

（8）改变认知法。抛弃黑白思维法，很多事情无所谓对错，也不只有黑白。“横看成岭侧成峰，远近高低各不同。”从不同的角度看问题，得出的结论是不一样的，要学会从积极的角度看事物。抛开不合理的信念，如“糟糕至极”“绝对化”“以偏概全”等，就能让我们远离坏情绪。

（9）放松训练法。做深呼吸、伸懒腰、扭胳膊等一些放松肢体的小活动，坏心情也会得到缓解。

总之，做一个情绪管理的高手，不仅要知道这些方法，还要把这些方法运用起来，内化成自己的行为习惯，就能与“情绪”这头困兽和睦相处了。

不管在哪个国家、哪所校园，欺凌行为都真实存在，这是不可否认的事实。如果学校在管理上能考虑得更周到一些，在育人上能更注重学生生命本质上的需求，班主任在与孩子的相处过程中能够更细心、更用心一些，多为孩子的生命底色涂上善良、同情、体谅、接纳、宽容等美好元素，校园欺凌这种不良行为就会得到有效控制。

班主任如何帮助女孩学会理性面对感情？

经常有年轻班主任苦恼地问我一些关于男女生感情方面的问题，比如：

（1）班上有女生特别喜欢主动撩男生，怎么办？

（2）班上特别优秀的女孩竟然喜欢一个学习成绩和行为习惯都很差的男生，怎么办？

（3）班上有女生在网上跟多个男网友聊得火热，怎么办？

（4）班上有女生跟校外混混混在一起，怎么办？

（5）班上有女生跟男生已经正式确定关系，并且还见了男方父母，怎么办？

（6）班上有女生同时交往三四个男朋友，怎么办？

（7）班上有女生搞得全班男生都为她争风吃醋，怎么办？

……

这些都还在可接受范围内。真正令人瞠目结舌的是，有个老师给我发了张图，上面是两个孩子相约寒假开房的内容。这个老师在瞠目结舌的同时愁肠百结，希望我能给她指点迷津。

我在自己的微信公众号的文章下面，曾经看到过一段留言，目瞪口呆，觉得这件事简直太匪夷所思了：一个班级 19 个女生，竟然有 16 个在谈恋爱，实在太离谱了。

说句实在话，这些老师问我怎么办，我也不知道怎么办。我不知道这些女孩的性格怎样，也不知道这些女孩的家庭情况如何，她所处的社区环境怎样，还有这个老师所带的班级班风如何，老师在对学生进行价值引领时究竟有哪些作为或不作为。

了解是有效教育的前提。我对上述情况完全不了解，岂敢乱开药方？所以，我只能就我带班时针对女生做的功课来阐述，或许对迷茫中的年轻老师有些帮助。

我做了近30年的班主任，在普通中学、职业中学、城市学校、农村学校、公立学校、私立学校都待过，什么样的学生没见过？就是没见过一个班19个女生16个谈恋爱的。

我带的班级，不论是高中还是初中，虽也有彼此喜欢的，但双方都是很理性地相处，没有给彼此造成任何伤害，也没在班里产生不良影响。我现在带的雅墨10班（九年级），压根就没有女孩故意撩过男孩，也没有哪个女孩对男孩投怀送抱，更没有成双成对谈恋爱的事情发生。每个女孩都很有上进心，有主见且善解人意。她们跟男生相处融洽、自在、放松，把班上的男生当作亲兄弟。全班女孩还跟我表了忠心，她们找男朋友是要经我把关的。

那么，我究竟给这些女孩灌了什么"迷汤"（同事的话），能够让她们理性地面对感情，还能尊重别人的感情？

一、帮助女生塑造高自尊人格

每接手一个班级，我就直言不讳地告诉所有孩子：我的带班理念之一就是把女生捧在手心，把男生拴在腰上，女孩子在我的班级就是被呵护的对象。所有的女孩都是值得被爱的，也是被我爱的，她们就是曹雪芹所说的"水做的骨肉"，干净、清爽。所以，任何男孩都不可以欺负女孩，否则就是跟我过不去，我必定不依不饶，死咬不放！

我把态度亮出来后，还在全班公布了三条不可超越的底线，条条都是维护女生的。

1. 所有的男生不可以在任何时间、任何地点以任何理由谩骂女生

如果要谩骂，对不起，男生的下场将很惨。我会想尽办法让他们意识到自己的错误，再也不会谩骂女生。所以，我们班的男生现在任何时候都不会谩骂女生。

2. 所有的男生不可以在任何时间、任何地点以任何理由殴打女生

如果要殴打，你的下场就不是一个“惨”字了得，而是相当的惨烈！我当然不会殴打哪个男生，自己可是人民教师，要依法执教，但我是一个母亲，最清楚母亲在得知女儿被殴打之后的表现：她会变成一头愤怒的狮子，你们可以想象她的攻击力有多大。

3. 班上所有的重活、累活、脏活、体力活、受气活，男生包干，女生旁观

男生同意也是这样，不同意也是这样。总之，在我的班级，就是要把女孩惯成神！

男生当然不服，但我不会因为他们不服就轻易改变我的育人理念。我会找个时间专门跟男生聊聊女孩，从女孩生理、性格、心理、行为、思维、成长规律等方面的差异聊开去。男生对女孩有了深度了解后，他们对女孩就特别尊重和怜惜。

我抓住这个有利时机又给女生贴了很多张正面积极的标签。比如，女生是老师的贴心小棉袄，是优秀班级的建设者，是班级形象的代言人。总之，女孩兴，班级兴；女孩衰，班级衰！老师想要带出一个优秀班级，没有女生的鼎力相助根本搞不定。老师想要带出一帮优秀的男孩子，没有女生的倾情推动，那就是竹篮打水一场空。

我不仅嘴巴上说，行为上也做到。所以，我带的女生在班里很有地位，没有哪个男生敢欺负她们。若是外班的男生欺负了我班女生，男生们绝对不服，会去找欺负者帮女生讨回公道。

女生们有老师和男生撑腰，自是很得意。同时，她们也有安全感、归宿感，知道自己被爱，并且值得被爱，自尊感就比较高，从而发自内心地珍爱自己，自尊自强。

二、帮助女孩把爸爸拉到其生命场来

我不仅给女生妈妈开讲座，告诉妈妈如何与青春期女孩相知相悉相处，更是千方百计把女孩爸爸召集起来开讲座，告诫他们不要把自己掌心里那颗明珠给弄丢了。我以一个母亲的身份真心诚意地告诉他们缺席女儿成长会导致的后果，希望他们一定不要错过女儿成长的关键期。当然，也会告诉这些困惑的父亲如何与女儿建立亲密的关系：利用周末带女儿去书城、公园、电影院；跟女儿要有适度的肢体接触，如牵着女儿的手，抚摸女儿的头，亲吻女儿的额头，刮刮女儿的鼻头；还可以跟女儿开玩笑，有时也可调侃女儿，允许女儿撒娇。总之，父亲在女儿面前，应该是亦师亦友、亦父亦兄的人设。当然，父亲还应该是女儿的保护伞、情感指导师，女儿在外面受气、受伤、受累，能够首先想到父亲，那么这个女孩绝不会在外面作践自己。

我跟进过多起女生随意作践自己的案例。这些女孩都有一个共同点：她们的父亲根本就不在她们的生命场里。要么父亲完全隐形，不论父亲在与不在，女孩都感受不到父亲的存在；要么就是跟父亲关系疏离或恶劣。

婴儿没有母乳，必须用牛乳替代。女孩没有父爱，必须用其他男人的爱来替代。父亲若不懂得这个道理，对女儿不闻不问，就会把女儿推出去。

三、帮助女孩擦亮眼睛选择潜力股男孩

我从来不认为情窦初开的女孩喜欢某个男生是一件多么不堪的事。相反，我首先会祝福她，祝福她有爱的需要，说明她是一个情感健康的孩子。接下来，我会评估她是否有爱的能力，是否有识人的本领。如果这两者都具备，我就会指导她习得爱的技能。《爱的艺术》《爱的五种语言》这两本书里都有关于如何爱的技巧传授，我会选择一些适合女孩需要的“爱的秘诀”，加上我个人多年习得的“爱的智慧”，教会女孩正确地爱喜欢的男孩。

如果女孩既没有爱的能力，也没有识人的本领，我就会帮助女孩提升爱的能力。可参考这本书——《爱的五种能力》。

作为班主任，一定要见多识广，站得高，看得远。优秀的班主任所做所说虽是立足现在，但一定要为学生的未来做铺垫。另外，还要有较强的整合和变现能力。书里面的，影视剧中的，生活中的，但凡能帮助孩子成长的资源，都可以拿来整合成教育资料。

我也会教女孩如何识人。那些能掌控自己人生的女人，都是练就了火眼金睛的强者。那些直男、妈宝男、软饭男、食草男、渣男在她们面前无所遁形。有些人可能觉得我刻薄，怎么可以吐出这样的词汇呢？怎么可以给男人贴上这样的标签呢？我必须说明，这些词汇不是我造出来的，再说，这个世界确实有这样的男人，我不想说假话。我又不幼稚，只看得到美好，看不到丑恶。

我让女孩看《初恋这件小事》，向女主角学习选择一个优质男来爱，然后把自己也变得优秀。我还与女孩看《怦然心动》这部电影，让女孩体会初恋的美好，同时也要明白初恋是易逝的，所以不论多爱，都不能丧失自我。你可以爱一个人爱到尘埃里，但没有人爱尘埃里的你。

女孩在我的引导下逐渐变得理性，她们看男孩的眼光不再狂热，会对男孩进行综合评估。人品不佳、习惯不好、情绪不稳、性格极端、不求上进的男生，根本入不了她们的法眼。

四、坚定不移地亮出自己的态度

我说过，从不反对孩子们谈恋爱，但反对他们乱恋。爱情是奢侈品，可遇不可求，并且很不好维护。在身体条件、心理条件、经济条件都不成熟的情况下，就擅自使用这件奢侈品，是很容易弄坏的。有些人因为爱情受伤、受骗、受罪，甚至连尊严、性命都丢了，这样的爱情还不如没有。所以，当各方面条件不成熟时，最好把爱情这件奢侈品供起来，待有朝一日，自身条件与这件奢侈品相匹配了，再拿来享用也不迟。

我还告诉女学生，同等年龄的男女生进入青春期，女生不论是身体发育还是心智发育，抑或是读写发育，都要比男生早两三年。女生都开始懂事了，男生还是小屁孩；女生已经长成一棵亭亭玉立的小树了，男生还是一棵小树苗。

孩子处在青春期，最具有可塑性。老师如果能降维，蹲下来与孩子一起，用他们的眼光去看世界，用他们的大脑去思考这个世界，再用他们的话语系统去表达这个世界，那么，就能赢得学生的高度信任。这时，老师再升维，用更开阔的视野、更长远的目光、更宏大的格局去指点孩子，为他们未来的人生埋下美好的伏笔，很多匪夷所思的问题就会消失。

破解学生的心理密码，赢得学生的喜爱

我们常说，有人的地方就有江湖，这就意味着，学校其实就是一个江湖。那么，年轻的你，怎么去闯荡这个江湖呢？如果你不知晓孩子的心理，不瞒你说，这个江湖你闯起来，将困难重重。那么，班主任怎么做才能破解学生的心理密码，赢得学生的喜爱呢？

一、利用首因效应，踏实做事

小学生一般非常感性。通常情况下，他们喜欢某个老师，就愿意学习这个老师所教的学科，也愿意配合这个老师进行班级管理。如果不喜欢这个老师，他们就特别调皮，处处跟这个老师作对。因此，初入职的老师，第一步要做到的就是赢得学生的喜爱，与学生建立和谐、亲密的师生关系。林格先生说，关系大于教育！我做了近30年的教育，对这句话非常认同。师生关系一旦交恶，教育效果基本等于零。因此，初次见面，花一些心思和时间来建立良好的师生关系是非常值得的。那么，如何才能赢得学生的喜欢呢？这就要搞清楚学生面对新老师是怎样的心理。我们先看一个案例。

小张和小刘都是从华东师范大学毕业的高材生，颜值都挺高。他们两个进了同一所学校，住在同一个宿舍，分到同一个年级。不同的是，小张穿着讲究，小刘穿着随意；小张是一个特别爱笑的人，小刘则不苟言笑。第一天工作结束，两个年轻人回到宿舍，小张一脸灿烂，小刘则满脸愁云。从两人对话中得知，小张一露脸、一开口，就被学生视为男神，喜欢得不得了，下课了还围着小张不愿意离开。小刘一露脸、一开口，就被学生嫌弃，下课之后没有一个学生找他聊天。两个都是年轻人，且都是高材生，很有活力，为何一个受欢迎、一个遭嫌弃呢？

【案例分析】

新老师，新学生，第一次见面，彼此都很期待。尤其是孩子，对新老师充满美好的期待，但他们的认知又很感性、很简单。小张之所以受学生欢迎，是因为他重视了仪表，把自己打扮得很时尚却又不另类，一看就是那种特别阳光、帅气的温暖大男孩。同时，在跟学生交流时，他措辞很温和，观点很新锐。尤其是学生爱说的那些网络语言，小张张口就来。学生一下就喜欢上了小张老师，觉得他好潮，离他们好近。小刘则随意地穿了件旧T恤，头发也没理，猛一看，就像一个刚从车间里累了一天的人，很颓靡。学生看到他的样子，马上就表示不屑。小刘看见学生不屑的表情，心中很生气，说话的口气就很冲，有学生不满，就在下面顶嘴。小刘更生气，又把学生训斥了一顿！小刘想得太简单，他认为这些孩子不过一群小屁孩，随便打发他们就得了，哪知道学生虽然小，但他们不傻，觉得老师随便的态度就是对他们的不重视，因此，心里对小刘产生排斥感，师生关系处于疏离状态。

【应对策略】

针对孩子的这种心理，新老师在和学生第一次见面时，就要利用首因效应，从穿着打扮、言谈举止、为人处世方面征服学生，让他们对新老师形成良好的第一印象，从而快速地喜欢并接纳新老师。具体怎么穿呢？关键词：干净、整洁、合体。男老师要“儒雅、温暖”，女老师要“优雅、知性”。建议穿职业装，显得正式、庄重、认真，也体现了对工作和学生的重视。相反，穿着随意的休闲装，在工作场合给人的感觉就是漫不经心，虽不讨人厌，但也很难引起他人好感。怎么说话，孩子才喜欢听呢？第一次见面和学生说话，建议说话要走心，不要出现粗暴的语言，语气温和且坚定，语意干净且有温度，语调柔和，中气要足。最好穿插一些孩子们喜欢的语言表达方式，如网络词汇。这样的语言很容易把老师和学生的心连接起来。至于怎么做？我个人觉得，不要把自己太当回事，高高在上的样子学生不喜欢。最好是与孩子们一起打扫教室，游览学校，搬书搬桌子等。要与学生打成一片，但同时又要让学生知道，你是他们的老师，是领头人，他们得听你的。

赢得了学生的好感，这只是万里长征的第一步。真正让学生接受并喜欢，新老师们还需要更多的努力。我们继续说小张和小刘的故事。

小张利用首因效应赢得了学生的好感，小刘大而化之遭学生嫌弃。是不是他们两个人从此职业之路就各不相同：小张一路花开，高歌猛进；小刘挫折连连，一蹶不振呢？

如果没有对他们跟进，我也很担心小刘的前途。可跟进之后，我反倒担心小张的职业生涯会状况频出，为何呢？

小张是长得好看，嘴巴也很会说，观点也很新锐，行为也很有潮范儿，但是他只说不做。每天小张踩点到学校，下班时间一到立马就走人，从来不愿意在学校多待一分钟。小张做了班主任，师生关系还不稳定，班级常规管理都还没搞好，他就当起甩手掌柜，还美其名曰“把班级还给学生”。半个学期过去了，小张的班级乱糟糟的，教学成绩也很不理想。领导找他谈话，他振振有词地说：“每天我按时上班，按时下班，该我做的我都做了，班级乱，成绩差，那是学生的问题，关我何事？”

反观小刘，自第一次与学生见面遭到嫌弃之后，他就一改之前的随意作风。每天早早进班，下班之后，还与学生一起玩。课间也会找学生谈心，作业也面批，家校沟通也很顺畅。身为班主任，他在班级不稳定的情况下，身先士卒，以身作则，班上学生都被他带动起来。他还组织了篮球队，放学后把男生带到篮球场上练习。由于小刘篮球打得特棒，他带着自己班的男生打遍整个年级无敌手，全班男生都成了他的粉丝。女生就更不用说了，每次小刘带着男生在球场上打球，女生都会围着球场尖叫。半个学期下来，小刘成了学校最受欢迎的老师。

【案例分析】

第一回合胜出的小张为何在后来的工作中败给了自己呢？那是因为他一直站在学生的圈子之外。小刘能在后面的工作中胜出，是因为他挤进了学生的圈子，让学生真正接受并且喜欢上了他。因此，新老师一定要明白，学生虽然喜欢看脸，但他们把脸看熟之后，更喜欢看这个老师是不是跟他们一条心，是不是真心在帮助他们成长。小刘老师凡事身先士卒，在学生看来老师跟他们是一路人，所以会很快接纳他。小刘还与男孩打篮球，这招特别令学生喜欢。可惜据我观察，很多新老师都不喜欢运动，更不喜欢跟学生一起运动，把上班和下班的时间分得特别清楚，时间边界感特别强。王晓春老师说过，与其说学生到学校来是读书，还不如说学生到学校是来找朋友的，因此，学生的朋辈悦纳心理非常明显。不管老师愿意不愿意，学生之间都存在很多的小圈子，朋辈之间会互相影响。当然，这个影响有积极的，也有消极的。老师如果不融入学生的朋辈圈，很快就会被学生边缘化，更谈不上喜欢。

少说话，多做事，这是实践出来的真理。作为新老师，没有业绩，也没有口碑，一切都是全新的。因此，只有老老实实去做事，才会赢得学生的喜欢。

此外，一定要融入学生的朋辈圈，不要把自己放到跟学生对立的阵营，而是要用行动告诉学生：我们是一起的！

适时展示自己的才艺。如果善于打篮球，就把学生拉到篮球场；如果通晓一两种乐器，就举办音乐会；如果善于组织活动，就在班上多搞活动。总之，要竭尽所能地在学生那里露一手，在学生目瞪口呆中惊艳登场。我个人既没运动天赋，也没音乐才华，更不懂如何画画，至于玩乐器，那简直就是盲人摸象。但我善于写作，作为语文老师，可以在写作课上当着学生的面10分钟内一气呵成写完一篇文章。每次写完，学生先是一阵面面相觑，接着是掌声雷动。

二、保护学生的个性，对学生真诚、宽容

老师好像带兵打仗的指挥官，如果学生不听老师的话，凡事都要按自己的想法去实施的话，不论是课堂还是班级，势必都很乱。从个体来讲，我们要爱护那种个性独特、做事不按常理出牌的孩子。这些孩子长大之后，很有可能成

为行业的精英，或者是创业者。但作为一个群体来讲，则需要一定的听从。注意，不是服从，而是听从，就是要听得进老师正确的教导。那么，我们可以制定哪些策略，让学生听从新老师的正确教导呢？还是先看一个案例吧。

2015 年 1 月 10 日晚上 10 点 25 分左右，成都市犀浦镇某小区的保安蒋先生突然看见几个人从小区临街的一栋楼里冲出来，往小区外跑。就在小区正大门右手边约 10 米处，他看到一个少女躺在地上，原来跑出来的是父母，女儿跳了楼。

这个小女孩为何要跳楼轻生呢？

据民警介绍，跳楼的少女周六晚上回家比较晚，父母就骂了她几句，然后她回自己房间写作业，没多久就跳了下来。

【案例分析】

斯坦恩伯格指出，之所以说青少年时期是一段危险期，是因为刺激处理系统在青春期初期阶段已发育成熟，而认知控制系统的成熟期则要到 20 岁之后。因此，在这缺乏控制的几年里，孩子们是在疯狂无度地处理各种各样的刺激，但却缺乏一个“有责任心”的控制系统来约束、克制。当一个典型问题——年少轻狂不羁的青春期神经化学元素与超载 HPA 轴相遇时，注定会酿成一杯威力无穷的毒酒。

正因为认知控制系统比刺激处理系统晚熟，所以造成青少年在心理上的成熟滞后于生理上的成熟。在心理的认知发展中，由于阅历和经验的不足，孩子的认识是不坚定的，容易动摇。思维虽然有独立性、批判性，但认知事物和问题时由于不全面客观而会出现偏激、片面、固执甚至极端化，把家长或教师的劝说、指点、提醒和督促都看成不理解、不尊重的管教与约束，会在非理智情绪的驱使下做出违背施教者初衷的事情。

【应对策略】

叛逆是一个信号，表明孩子在成长。

身为老师一定要冷静地观察孩子的做法，真诚地面对孩子的问题，启发孩子的领悟，宽容释怀，情感交流。唯有多理解、多宽容、多指点，孩子们才能安然度过青春的危险期。

有一类隐性叛逆的孩子，就是我们常说的看起来很听话的孩子。他把叛逆藏在心底，不表露出来，压抑下去。他的叛逆家长关注不到，以为孩子很乖，很平稳。其实，这类看上去不叛逆的孩子反倒很危险，因为他们内心压抑的情绪没有发泄的通道。外显的叛逆可以通过跟父母吵闹、玩网络游戏发泄，而不叛逆的孩子不会发泄，也不懂得发泄。不发泄最可怕的后果，就是一遇到挫折，就想不开。

很多时候，教师与学生、家长与孩子的冲突，其实是价值观的冲突。与其遏制学生的行为，还不如利用学生的一些跟风心理强化他们的积极价值观。看看下面这个故事吧，是不是很有代入感？各位在读书的时候，是不是经常遇到这样的老师？

吕老师在办公室指着三个男孩，厉声叱喝道："你们什么人啊？叫你们剪头发，你们就剪成这个样子。今天早晨德育处检查，就因为你们三个人的头发问题，我们班被活活扣了3分。"三个男孩低着头一声不吭。是什么原因让吕老师发这么大火呢？

原来，德育处规定男孩必须剪短发，并且还有文字说明：额前头发不可以遮住双眼，后面头发不可以遮住衣领，两侧头发不可以遮住耳朵。说实话，这文字说得够清楚、明白了。但是，吕老师班上有10多个男孩剪出来的头发不符合德育处的规定，尤其是被叫到办公室的这3个男孩，剪了个让人哭笑不得的发型出来。他们的头发，其实完全符合德育处的规定"三不遮"——不遮眼睛，不遮衣领，不遮两耳。那为何他们的头发还被扣分了呢？请看他们的发型：把两耳上方以及后颈的头发都铲得寸草不生，单单头顶上留了一个圆盖子或者是长方形盖子，乍一看，就好像头上顶着一个簸箕或者马桶盖，实在是很难看。尤其让人担忧的是，吕老师班上有10多个孩子留起了这样的发型。

【案例分析】

明知那个发型过不了德育处的检查，并且也不符合大众审美，为何吕老师班上还有那么多男生留这样的发型呢？最初只有一个男孩留这样的发型，据说是因为他辍学的好朋友留着这样的发型，于是就跟风留了。这个男孩在班上很有威信，他的好朋友为了挺他，也跟着留了这样的发型。其他男生一哄而上，仿效着剪了这样的发型。这就是典型的盲目跟风心理。不仅是孩子，其实，很多成年人也有跟风心理。

【应对策略】

我们不能说跟风心理就完全错了，错没错，要看跟的是什么风。比如上述案例中，男孩们跟怪异发型的风就显得有些幼稚，甚至不伦不类。但如果我们能正面引导，正确运用跟风心理，也未尝不好。比如，孩子们喜欢追星，仿效明星的穿衣打扮，甚至说话的语气、身体的姿势都要紧跟不放。知道孩子们这个心理后，老师可以在班上提倡甚至明确地赞扬那些积极的、美好的人和事。让积极的行为、美好的言语，以及理性的思维大放异彩，尤其是让拥有这些美好素质的孩子成为班级的主流。还有，挖掘那些明星最积极、最美好、最具正能量的一面，让孩子们大胆地跟风。给他们一个好的跟风对象，相信孩子们，他们跟对了，就真正成长了，等到真正成熟理性了，自然就学会了取舍。

再说说我的一个做法吧。

有一次，几个女生问我有没有看过《花千骨》，我顺口答道："看过啊。"女生们非常惊讶，说："老师，你都看这种肥皂剧啊？"我笑着说："你们都看，我怎么就不可以看啊？"

说完，我赶紧将《花千骨》里的两个人物——倪漫天和花千骨挑出来，先跟孩子们分析倪漫天一败涂地的原因。孩子们都说倪漫天之所以一败涂地，是因为她的性格不好，嫉妒心强，好胜、毒辣。我当然不满意女孩们的分析。我给她们分析道："倪漫天本是傲娇美艳的仙界富二代、蓬莱仙岛千金、未来的蓬莱仙岛岛主，但是她却落得个悲惨的下场，除了性格不好之外，最主要的还是她的归因出了问题。不管出现什么情况，她都不在自己身上找原因，而是归罪于他人，认为自己的一切不顺都是别人造成的，跟自己没有半毛钱的关系。像这类归因错误的现象，在很多人身上都存在。比如，有些学生考试没考好，就怪题出得太难，监考太严格，甚至连父母把他生笨了的理由都能找出来，总之都是外界造成的，不是自己的错。这样的人，失败永远都会伴随着他。请大家一定要记住这样一句话：优秀的人都是敢于朝自己开刀的。”

至于花千骨这个人物，我并没有去挖掘，倒是深挖了花千骨的扮演者赵丽颖。2015 年暑期，赵丽颖凭借《花千骨》一剧走红中国的大江南北，成为全民女神。那么，她是凭什么逆袭的呢？这个话题引起女孩们的高度关注。她们探讨了一阵之后，一致认为赵丽颖之所以能逆袭，是因为不管外界怎么黑她，她都置之不理，只一心拍戏，不断地提升演技，最终靠作品说话，成了一线女星。归纳起来就是，赵丽颖靠勤奋、演技成功逆袭。这个肥皂剧分析下来，女孩们全部成了我的死忠粉。

三、善用学生的模仿心理和嫉妒心理

有人说，厌学是教育界的癌症。是啊，明明学习对每个人来说都很重要，可是热爱学习的学生真的不多。那么，作为新老师，可以根据学生的哪些心理来激发他们的积极性呢？请看下面的故事。

王老师大学毕业后就从事教师工作，他是一个生命力和目标感都特别强的人，每天的生命状态都非常积极。他还喜欢唱歌、打篮球、玩摇滚，在班里开设电影课程。他带出来的学生也跟他一样，积极、上进，充满活力。李老师则相反，每天懒散拖拉，作为学科老师，他不钻研教材，直接在学科网上下载课件，稍作修改，甚至都不修改就去上课了。作为班主任，他不研究学生，也不愿意守住自己的教室。一个学期下来，他的学生也懒散成风，整个班级人心涣散，班风颓废，负面情绪充斥全班。

【案例分析】

为什么生命状态不同的老师带出来的学生，其生命状态也不同呢？原因不难理解。人都具有模仿性，尤其是孩子，模仿心理很严重。他们人小，“三观”未定，理性思考的能力还未形成。谁跟他们经常接触，他们就会跟谁学，尤其是谁强势，就跟谁学。孩子们跟老师在一起，很显然，老师是强势方，孩子是弱势方，因此，他们就很容易模仿老师的言行以及价值观，乃至生命状态。在教育界常有这样一种说法：什么样的老师带出什么样的学生。这话是很有道理的。尤其是班主任，三年带下来，班上绝大多数孩子的认知、言行乃至“三观”，都跟班主任差不多。

【应对策略】

既然孩子有很强的模仿心理，老师们就要善加利用，把自己变成一本有趣、有料、有温度、有学识的好教材，时时处处做学生的榜样，把最好的仪态展示给学生看，把最温暖的话语说给学生听，把最走心的做法教给学生做，把最积极的价值观传递给学生习得。一定不要在学生面前把最丑陋的人性暴露无遗，也一定不要在学生面前做精致的利己主义者。因为你在做，孩子就在模仿。你是一个好的范本，孩子们就模仿成好孩子；你是一个坏的范本，孩子们就模仿成坏孩子。

我们常常教导学生不要嫉妒，但如果一个人连嫉妒心都没有，那还有什么上进心呢？其实，班主任只要善于利用，就可以把学生的嫉妒心变成上进的动力。

我曾经教过三个女生，同一个班的，都很优秀。她们三人互相嫉妒，谁也不服谁。考试后，考差了的，一定会哭鼻子，生考得优秀者的气。平时学习，都是互相较着劲。晚上自习，其中一个晚上看书看到 9 点，另外两个第二天晚上就要看到 9 点 30 分。三人互相追逐，相互较劲，最终都考上了心仪的大学，过上令自己满意的生活。当然，这三个女孩至今都保持着非常亲密的联系。

【案例分析】

这三个女孩的心理就是我们常说的嫉妒心理。嫉妒是一种社会心理和意识。有人把嫉妒说成一种根本的、普通的、强烈的心理现象。心理学上这样定义：嫉妒是一种有针对性的感觉，是忍着痛苦去看待别人的幸福的一种倾向。它产生在当现实的和期望的各种关系受到威胁之时，是一种既羡慕又敌视的矛盾的情感。在中学，一部分学生因漂亮的容貌、优异的学习成绩、优越的家庭条件及受到老师的宠爱，常常会引发另一部分学生的嫉妒之心。他们越是关心和重视嫉妒对象，越有可能会被绝望与恐惧感击中，从而发展为憎恶、怨恨和复仇等恶劣的情绪。

关于这个心理，我个人的看法是没必要全盘否定，告诉孩子们，适当的嫉妒是需要的。毕竟嫉妒是不满意别人比自己好，可以激发不满者的斗志，还是有一定积极作用的。但这里一定要有正确的指导。首先，要让孩子们明白什么是嫉妒心理，再评估自己的嫉妒心理处在哪个段位，是隐隐的刺痛，然后咬牙直追，还是绝望痛恨，以至于想尽一切办法打击报复呢？抑或是只心怀嫉妒却完全不行动呢？搞清楚状况之后，要把孩子的嫉妒心修复到对他人所拥有的资源或者是取得的成就感到不满，但同时又要把这种不满化为自身前进的动力。貌似在和别人较劲，实际上是在跟自己较劲。真正优秀的嫉妒者，一定是为了赶超别人而咬牙把自己搞定。反之，拙劣的嫉妒者，害人害己，就像《花千骨》中的倪漫天，嫉妒成性，不择手段，最后自食恶果。

关于学生的心理，林林总总，如自卑心理、孤独心理、出风头心理、看客下菜碟心理、逃避心理、畏难心理、攀比心理、争宠心理、告密心理、依赖心理、厌学心理等。这些都需要各位老师在实践中去观察、去分析，找到根源所在，看清多面性，取积极因素利用之。要想熟练地摸清学生的心理状态，除了实践外，还需要阅读一些心理学书籍，尤其是养成写案例、分析案例的习惯。如此，班主任的专业成长就会提速，也才能在职场站稳脚跟，找到职业的成就感。

应对低年级学生告状的五大有效措施

低年级老师多有遭遇学生反复告状的烦恼。那么，问题来了：为何小学低年级的学生喜欢告状呢？

第一，与老师的权威感有关。在低年级学生的价值判断里，老师是权威，是公正的化身，是最能帮到他们的人。因此，当他们受了委屈，遭遇了不公正对待时，最先想到的就是请老师为他们主持公道。

第二，与学生的认知水平有关。低年级学生对事物的认知还很肤浅，他们对人对事的评价带有很明显的主观色彩，很难做到换位思考。因此，一旦有事发生，他们都从自身感受和好恶出发，感觉受伤的永远是自己，可自己又解决不了问题，于是就找老师告状以求帮助或泄愤。

第三，与学生的道德评价能力有关。低年级学生对于好坏的评价能力还有所欠缺，为了判断谁好、谁坏、谁是谁非，他们只有求助于老师，请老师给予裁决。

第四，与学生喜欢表现有关。低年级的学生具有很强的向师性，他们喜欢表现，喜欢引起老师的关注，没事就喜欢到老师跟前刷存在感，而告状就是一个求关注、刷存在感的好机会。

第五，与学生心理表现有关。低年级学生的心理还很稚嫩，他们不懂告状除了可以解决问题外，也会恶化人际关系，更不懂恶意告状其实是一种恶劣的行为。他们心里那把“公正”的直尺是“笔直”的，绝不会变成其他样式，所以，在他们看来，所有不公平的事情都应该由他们眼里的权威——老师来解决。

第六，与逃避惩罚有关。有些学生自己犯了规，但又怕受到惩罚，于是来个恶人先告状，把责任先推给他人。

这么说来，低年级学生喜欢告状属于人在成长过程中表现出来的正常现象。可是，无休止的、低质量的告状确实容易令老师烦躁。那么，对于学生的告状行为，老师可以采取哪些应对措施呢？

一、认真倾听学生的告状内容

不论学生带着何种目的找老师告状，老师所持的态度都应该是认真聆听学生的讲述。这不仅是为师的专业态度，更是为人的基本态度。在聆听的过程中，老师要和颜悦色，对学生的讲述进行及时的回应，表明自己的立场，对受了委屈的学生进行情绪安抚。总之：要听得进学生所说的每一句话，切忌学生一开口就打断，强行终止学生的陈述。

有个小学三年级的女孩被男生故意推搡，并且还被取了个“花母猪”的绰号，女孩很委屈，去找老师告状。老师很不耐烦地打断她：“不就取个绰号吗？多大点事，去去去，别烦我，没看我正忙着吗？”女孩在老师那里求助无门，只得回家告诉母亲。母亲听了女儿的哭诉，很生气，跑去学校找老师评理，结果怎样？大家都想得到——老师的不作为给家校共育埋下了极大的隐患。

二、分清告状类型，用心说话

学生找老师告状，老师除了认真倾听外，还要跟学生用心说话。那么，怎么说才恰当呢？我个人以为讲道理是不合适的，空洞无力，属于正确的废话。如果学生告状的内容无关痛痒，老师只需和颜悦色地摸摸学生的头，说一句：“好，我知道了，一定高度重视，你放心，先去玩吧，我等会处理。”学生多半会心满意足、兴高采烈地离开。如果学生告状只是为了求关注，那就抱抱这个学生，拍拍他的肩膀，用肢体语言回复学生：“老师是喜欢你的，放心吧。”如果学生告状确实是受了委屈，遭了欺负，老师的态度和立场一定要鲜明，必须明确告诉学生：“老师一定会为你做主，还你公道，绝不允许不良行为发生。”如果学生纯属恶人先告状，那就淡淡地说一句：“嗯，老师知道了。”该用什么样的词汇，使用何种语气，没有一成不变的模板，有的只是老师在实践中摸爬滚打得出来的经验。总之，遵循“既能解决问题，又不伤害学生自尊”这个理念说出来的话都不会错。

三、想清楚学生告状的内在原因

作为班主任，一旦与学生打交道，就不可以任性、随性和感性，要从专业角度思考问题。作为一个随性且感性的人，当然可以对学生反复的、无聊的、低质量的告状表达厌烦，但作为班主任就不可以。学的就是教育学，吃的就是教育这碗饭，所以学生出现问题，班主任要以研究的态度来面对，逐层分析学生的告状心理，进行个案分析，找到不同性格、不同性别、不同价值体系的学生对于告状这件事所秉持的态度和做法。一旦搞清楚了其中的原理，就不会视学生告状为一件烦心事，相反，可以看到活色生香的众生相，不仅有趣，还能提升自己的专业判断能力。

四、对低质量的告状进行冷处理

有些学生告状告得确实有失水准，比如某某摸了一下我的文具盒，某某走路不小心撞了我一下，某某还闻了自己的脚丫，某某下课喝了牛奶等。对于这种无损班规、无伤大雅、无害身心的行为，无须追究，模糊管理是较为恰当的处理方法，但又不能让告状的学生自讨没趣。那么，老师该怎么说、怎么做呢？老师可以不冷不热地对告状的学生说：“嗯，我知道了。”然后就没下文了，将那些琐事冷冻起来不闻不问就好了。

五、给予学生远离告状的正确方法

随着年龄的增长，学生告状现象会越来越少，是不是慢慢等待学生成长就好了？教育虽然需要等待，但不提倡消极的等待。对于学生喜欢告状这件事，老师还是要主动引导，不然那些喜欢告状的学生会陷入人际危机。那么，如何引导呢？

1. 通过主题班会，指导学生与同学相处

学生之间的矛盾多是因为彼此之间缺乏边界感而产生的。老师首先要给学生制定出语言边界，什么话可以说，什么话不可以说，要有明确的要求。其次，是身体边界，哪里可以触碰，哪里不可以触碰，要有明确规定。总之，定出大家认可的规矩，才是规避人际矛盾的正确打开方式。

2. 教会学生处理简单的人际矛盾

比如某某在课间推搡了某同学，那么推搡的同学就要立即说一声“对不起”，被推搡的同学要学会原谅，接受对方的道歉，回一声“没关系”！老师还要告诉学生:“自己能够解决矛盾才是真的牛，我们都来做‘小牛人’！”

3. 教会学生承担责任

错了就认错，该罚就认罚，这个价值观一定要教给学生。当然，老师也要反思：为什么学生要告恶状逃避责任？必然是因为家长和老师不能正确对待学生所犯的错误，对学生很严苛，学生很害怕受到惩罚，不敢面对自己的错误，只能想办法掩盖，才不得已推卸责任，或拉人下水。

老师天天被学生缠着告状，确实会厌倦，但如果能把学生告状这个行为进行分类研究，帮助学生更好地成长，既育人，又达己，何乐而不为呢?

利用个人边界来规避学生之间的人际矛盾

淼淼是个小学老师，她向我诉苦，说自己已经被班上的熊孩子搞得都快自闭了。每天各种奇葩事，弄得她备课都没有好心情。我问她班上熊孩子究竟搞出了什么奇葩事令她焦虑不堪，她对我描述道：

我一大早怀着愉悦的心情走进教室，刚站定，前桌的小明就叽里呱啦开始告状："老师，轩轩用了我的橡皮，还拿了我的作业本。"我问轩轩："干嘛要随便拿别人的东西？"轩轩不满地答道："小明还在我语文书上乱画呢。"刚把小明和轩轩的纠纷摆平，小花哭着鼻子来找我："老师，健健扯我裙子，还摸我脸。"我闻言气不打一处来，责问健健干嘛要扯小花裙子。健健一脸委屈地说："小花她故意撞我，还踩我脚背。"公说公有理，婆说婆有理，没完没了，真的是清官难断家务事！

类似的人际矛盾不仅在小学天天上演，初中也层出不穷。究其原因，多数矛盾是由孩子在相处时缺乏个人边界意识造成的。正所谓说不得的要说，碰不得的要碰，或者过分热心参与别人的生活，打听别人的隐私。如果每个孩子都有明确的个人边界意识，就会减少许多人际纠纷。既然树立学生的个人边界感有如此多的好处，那什么是个人边界呢？

个人边界是指个人所创造的准则、规定或限度，以此来分辨什么是合理的、安全的，别人如何对待自己是被允许的，以及当别人越过这些界限时自己该如何应对。

个人边界主要包括两种类型：一是身体层面的，二是心理层面的。

身体层面的边界，主要是指个人空间及接触上的考虑，可以通过衣着、住所、噪音容忍度、言语指示和身体语言等方式来表达。

心理层面的边界，主要是在信仰、想法和观念等方面独立于他人。这些边界能够保护个人的自尊和对自己情绪的控制力。

教师无须给孩子解释什么是个人边界，但必须清楚地知道边界感对每个人的重要性，帮助每个学生了解边界是减少人际行为问题的重要手段。具体该怎么制定个人边界呢？

一、身体边界的制定

（1）不论男女，凡背心、裤衩覆盖的地方，绝不允许别人摸，也绝不可以摸别人。

（2）男孩绝不可以掀女孩的裙子，女孩也要坚决拒绝男孩掀裙子的行为。

（3）不论男女，都不可以随便乱摸别人的脸，也不允许别人乱摸自己的脸。

（4）不论男女，都不可以动手打人家的屁股，也不允许别人打自己的屁股。

（5）不论男女，日常交往时，身体都要保持 45 ～ 120 厘米的距离。这是美国心理学家爱德华·霍尔研究发现的人际间稍有分寸感的距离，可保障较少有直接的身体接触，但能够友好交谈，让彼此感到亲密。如果与他人不太熟悉，身体最好保持 120 ～ 360 厘米比较合适。

老师定出这个身体边界后，要求每个孩子牢记，并且明确告知每个孩子只要超越了这个身体界限，且不论事情的前情后因，首先要问责的就是：你凭什么要越界令人家感到不适？同时，也要鼓励孩子大胆地维护自己的身体边界：只要对方跨越了这个边界，就要表现出巨大的防御姿态。

当每个孩子都树立了正确的身体边界意识并严格遵守，肢体碰撞的问题就解决了，还能增强孩子的自我保护意识。

二、心理边界的制定

（1）不支持孩子探听同学的家庭情况和交友圈子。

（2）不支持孩子用评价性语言评价同学的行为。

（3）不支持孩子随意使唤、控制他人。

（4）每个孩子都是独立的个体，不支持孩子强行进入他人精神世界进行控制。

（5）不支持孩子随意猜测、八卦别人的情感世界。

（6）不支持孩子翻阅、偷看他人日记的行为。

（7）不支持孩子通过网络平台谩骂他人的行为。

（8）不支持孩子对他人信仰品头论足。

当孩子具有心理边界意识后，就不会轻易把别人的心灵当作跑马场，随意蹂躏践踏，就会尊重别人的隐私和情感，不会轻易揭开别人的精神伤疤。

三、语言边界的制定

经常听到有人说：我说话直，得罪莫怪啊。你把人家得罪了，哪有不怪的？既然知道自己说话直，干嘛不弯一点呢？说话口无遮拦，令听者心伤动怒，不是一件光彩的事。

学生之间的矛盾冲突，多半是因为说话不好听，或者越过了听者的边界。那么，需要制定哪些语言的边界呢？

（1）说话不揭短，不可以在大庭广众之下揭别人伤疤。

（2）与人辩论时，不可以揪住别人的身体缺陷进行攻击。

（3）称呼他人时，不要叫他人不接受的带有侮辱性的绰号。

（4）与人争吵时，再生气也不可以辱骂对方的老母亲。

（5）不要恶语挑衅他人最亲近或最尊敬的人。

（6）不能随意开对方不接受的玩笑。

四、空间边界的制定

（1）不同意孩子随便翻看和使用他人桌面与桌盒。

（2）不同意孩子不经允许随意窜到他人座位上。

（3）不同意孩子在其他班级教室门外随意转悠。

（4）不同意孩子不打招呼就进入老师办公室或者他人房间。

（5）不同意孩子不经邀请就主动要求去他人家做客。

（6）不同意孩子随意在他人家留宿。

（7）不同意孩子随意使用他人的私人用品。

当孩子树立了空间边界意识，他就不会随意行动了。他知道未经允许进入别人的地盘不仅不礼貌，还会遭到他人厌恶，甚至抵制。

从小到大，我就是一个边界感特别强的人，因此个性和情感都很独立，不黏人，也特别不喜欢别人打扰我。如此，与他人就很不容易发生人际矛盾，我的心情就不会受到负面影响，释放出来的基本都是正能量。我给别人的感受就是内心强大，心态阳光，幸福感很强，是一个值得信赖的人。当然，我也很不喜欢别人打扰我，所以那些过分热情、特别依赖的人只要试图向我靠近，我就会跑得远远的，甚至表现出极强的抵触感。这样一来，我的个人时间就不容易被侵占，有非常充足的时间来学习和工作，包括写作和生活。2018 年 10 月 6 日我开笔写简书，这期间还上两个班的语文课，当一个班的班主任，没有耽误教学，孩子们考得也很不错，没耽误带班。我带的班级每个月都毫无悬念地获得“文明班”的荣誉称号，更没有耽误自己周末和假期外出讲学。截至 2020 年 7 月 20 日，我已在简书上写了 75.5 万字（有几千字属于私密文章，没有分享出来）。

本来是说用边界意识来规避学生之间的人际矛盾，干嘛脱离主题写了自己的个人边界意识呢？我不过是现身说法告诉大家：一个人只要树立了明确的边界意识并严格遵守，何止会规避人际矛盾，还会助力个人成长。

第四辑

形成与时俱进的教育理念

让价值文化引领班级成长

我父亲被失控的摩托车撞倒休克20多分钟才苏醒过来。这是一起严重的交通事故！在这场事故里，我父亲严格遵守交通规则，摩托车师傅负全责。

事情发生后，很多人说，摩托车师傅这次栽了，不被搞得家破人亡，也要被整得倾家荡产。我爸的一些朋友也建议他趁机赖在医院，把旧病新伤一并治好，出院时再讹几十万。

真实的情况是，我爸没有讹诈，肇事者也没逃避责任。我爸被及时送往医院救治，肇事者夫妻百般殷勤。我爸伤好出院后，对肇事者夫妻万分感激，肇事者夫妻对我爸感恩戴德，最后竟要认我父亲为义父，以便逢年过节时好走动。

我和我弟对肇事者夫妻没有半点微词，对他们周到、细致地照顾我爸的行为，以及事发后敢于承担责任的精神赞赏有加。

那么，问题就来了：为何我爸不趁机讹诈肇事者一笔钱？为何我爸会对肇事者本应尽的责任充满感激？为何肇事者夫妻表现出超乎寻常的仁义？

我爸没有进过学校，修成昆铁路起家，在攀枝花当了几十年工人，通过读夜校识得一些简单的汉字，以我对他的评估，大概在小学二年级水平。肇事者夫妻也是低学历，在小镇上做猪饲料生意。但是事发之后，一个不另生事端还心生感激，一个不逃避责任还感恩戴德。不论是我爸还是肇事者夫妻，他们的文化程度都很低。可我要说，他们都是有文化的人。这叫什么文化？这是一种价值文化。

在我爸的价值体系里，刻着“树活一张皮，人活一张脸，绝不可以给人家添麻烦”的价值观。所以，当他被车撞倒之后，他的行为模式就是不给别人添麻烦；当别人劝他旧病新伤一起治，并且还讹一笔钱时，他觉得这是丢人现眼的事，绝不可以做。

在肇事者夫妻的价值体系里，刻着“既然是我惹的祸，那我就得承担，要把别人的父母当成我的父母来照顾”的价值观。所以，当我爸在医院治疗时，肇事者夫妻轮流全程陪护，生活上照顾得无微不至。事情翻篇之后，肇事者夫妻还买了礼品到家里看望我爸。

反观社会上层出不穷的碰瓷事件，还有武汉博士大闹机场、人民教师拦截高铁、高考结束老师被家长找人毒打、壮年男人霸坐高铁位、教师罚站迟到的孩子几分钟被其当警察的父亲关押7小时等事件，说明了什么？原因当然很多，但其中有一条绝不可忽视，那就是这些人的价值观存在问题。一个人的行为模式一定是由他的价值模式来决定的。

现在物质极其丰富，为何还出现了礼乐崩坏的现象？这似乎有些不可思议。几千年来秉持“以和为贵”的中国人为何戾气如此之重？

我觉得这都是价值文化缺失造成的。没有正确的价值观武装人的头脑，这个人自然无所谓信仰，无所谓敬畏，无所谓底线。

作为一名坚守杏坛的教师，当我们看到上述现象时，除了震惊、吐槽甚至建议外，还需要做些什么呢？社会大环境一时改变不了，我们是否可以立足讲台，给学生的心灵种下人文、博爱、规范、有礼、谦逊、礼让的价值文化的种子呢？

通常情况下，不论是学校文化还是班级文化，都很注重外显文化的建设。比如，学校的外观越来越漂亮，回廊、转角、楼梯、大堂都请专门的文化公司进行设计包装。包装之后的学校确实非常漂亮，甚至还能让观看的人流连忘返。对于班级文化建设来说，学校的考评也仅限于教室的布置。于是，很多年轻的老师在网上购买了鲜艳美丽的墙贴、字贴、鲜花贴、卡通贴等，“刷刷”几下就把教室布置得华丽丽的。这样的班级看起来特别有文化，在班级文化建设评比中非一等奖莫属。但生活在这样班级里的孩子，该调皮调皮，该捣蛋捣蛋，不该爆粗还爆粗，不该霸凌还霸凌。

有些老师会更用心一些，除了重视物质层面的文化建设外，也很重视制度文化的建设。课堂纪律、课间纪律、礼仪规则、惩戒条例等应有尽有。在重重制度管束下成长起来的孩子，真的就是最规范、最懂礼的吗？未必！我倒发现很多孩子在不严密的制度里学会了钻空子。

如果从短期效果来看，做到上述两个方面也就够了。但如果要像刘铁芳教授所说：培养善良且有格局的中国人，只做物质文化和制度文化建设，只怕是不够的。因此，作为老师，除了把教室布置得漂亮、干净、整洁之外，需要制定理性、严密的班级制度，更需要把促进人性朝向美好的价值文化扎根在班级里，渗透给每一个孩子，并引导他们付诸行动。

在把价值文化扎根于班级之前，我们需要厘清几个概念。

其一，文化。文化是一个特别宽泛的概念，很难用一句准确的话来表达。对于文化这个概念，不同的人有不同的解释。就我个人而言，比较偏向这个解释：文化既包括世界观、人生观、价值观等具有意识形态性质的部分，又包括自然科学和技术、语言和文字等非意识形态的部分。此文重点谈价值观的建立。

其二，价值观。价值观是基于人的一定的思维感官而做出的认知、理解、判断或抉择，也就是人认定事物、辨别是非的一种思维或取向，从而体现出人、事、物一定的价值或作用。对于这个解释，我个人比较认同。价值观非先天而生，而是在后天的教育中形成的，有消极、积极之分。价值观具有稳定性和持久性，一旦形成并固化，就很难改变。

其三，价值文化。所谓价值文化，就是积极价值观落实在行为上的一种文化体现。比如，一个真正认同并接受“己所不欲，勿施于人”价值观的人，他就不愿意把自己不喜欢的行为施加给别人。表现在行为上，他就更具有同理心，更能规范自己，不会没事找事麻烦他人。假如一个群体都能秉守“己所不欲，勿施于人”这个价值观，并且长年累月付诸行动，这就是一种价值文化。

中小学生的价值观具有很强的可塑性。因此，利用这个有利时期，将积极的价值观传递给学生，推动他们去践行，形成一种积极的价值文化就极为重要。那么，如何打造班级价值文化呢？

一、我们该拥有什么样的生命观？

这是一个极为重要的话题。为什么有些人视生命为草芥？因为在他们的价值体系里，从来就没有生命重于一切之说。

那么，什么样的生命观才是积极的、普世的、人文的呢？那就是每一个生命都有活着的资格，都应该被尊重、被善待。

教师不仅要把这些生命观传递给学生，更要身体力行地做到。如果老师都不能尊重、善待每个学生的生命，学生长大成人也不可能尊重、善待他人的生命。一个拥有正确生命观的班级，一定是没有班级霸凌行为的。因为学生知道，霸凌就是不尊重和不善待他人的生命。

二、我们该拥有怎样的生活观？

我一直觉得，所谓的学校教育，就是一群成年人带着一群未成年人过日子。教育即生活，这是杜威的观点。这个观点不论在何时何地，都符合人性的需求。

有位哲人说："由古至今，人类一部煌煌文明发展史，唯一的动力能源即是——追求幸福。"没错，生活都不幸福，还有什么动力去学习和工作呢？被称为"中国式管理之父"的曾仕强先生提出了父母教育子女必须培养三个生活观：好学、知耻、上进。不论是身为母亲，还是作为老师，我都觉得这三个观点值得提倡。一个不爱学习的人，是不可能习得生活智慧的。没有生活智慧的人，怎么可能经营得好生活呢？一个不知耻的人，在生活这个大场景里，就会生出很多幺蛾子，既伤害他人，也损害自己。没有上进心的人，整日活得像个丧尸，怎么可能有幸福的生活？当其没有幸福的生活，活着也就没了动力。

在由甄子丹主演的《大师兄》这部香港电影中，有 5 个"问题学生"，他们都是在家庭生活中特别不如意的孩子，所以厌学，不知耻，不求上进。他们之所以改变，也是因为由甄子丹饰演的陈侠老师走进了这些孩子的生活，帮他们解决了生活中的困窘，他们的人性才得以复苏，才愿意努力争取更好的生活。

树立"好学、知耻、上进、快乐、包容"的积极生活观，会帮助学生在未来的生活中找到目标，也能推动孩子为未来的生活努力。

三、我们该拥有什么样的个体观？

现在是一个提倡个性发展的时代，因此，许多孩子打扮另类，不守规则，甚至在网上霸凌，不仅认识不到自己的错误，还觉得自己特别酷。

没错，每个孩子都是独立的个体，作为个体的特性都应该得到尊重。作为老师，要在自己的班级里建立个体尊重的教育场域。比如，运动会马上就要开始了，恰好有个运动员说肚子疼，我们就不能说：为了集体，你就牺牲自己，哪怕肚子疼也要去参加运动会。这就是忽视个体的表现，这种做法就是缺乏个体观的体现。那么，我们应该如何对待这个个体呢？既然是肚子疼，那就赶紧送医务室。对于运动员缺位这个问题，赶紧启动补位方案，让其他运动员补上即可。

我曾看到一个新闻，说的是四川音乐学院一个大三的学生，因外公去世请假，结果老师不同意，还当着所有学生的面说：亲人去世了，你要回去，是你的事，但分我还是要扣的。这个老师犯了什么错误？他只有集体观念，要求学生参加合唱，却忘记了学生本人是个体。家里亲人去世了，她还有心情唱歌吗？好的老师，立即就要同意学生请假，并且对学生个体进行安慰，学生没有授权议论这件事，绝不可以把个体的隐私拿到集体中言说。

我曾经读王小波的书，他在书里举了一个匪夷所思的例子：洪水来了，一个青年去抢救集体的一根电线杆，结果被淹死了，于是大辩论开始。人们争论青年这样做值不值，最后上头说，别说是电线杆，就是集体的一根稻草，都值得这样去抢救。这就是个体观缺乏的可怕之处。在集体面前，人的生命还不如一根电线杆、一根稻草。

因此，教师一定要在班级中帮学生树立正确的个体观：每一个生命都很重要！在物质面前，个体的生命占第一位。每个生命都允许拥有独特的个性，有表达的自由，有爱和被爱的权利。当然，所有个体在为自己争取自由的同时，必须遵守大家共同制定的规则。

四、我们该拥有什么样的集体观？

中国是一个特别强调集体的国家，学校教育基本上也是对集体进行评估。比如，班级学业成绩、文明班级的评定，都只针对集体，集体没有得到荣誉，每个个体都没面子。

正是因为特别强调集体的存在，也就容易忽略个体的存在。比如，有些孩子明明体育成绩相当优秀，但就因为他的学科成绩不甚理想，在班级评定时拖了班级的后腿，于是便被视为后进生。

既然集体有这么多坏处，那我们就不要集体了，可以吗？当然不可以！没有集体的存在，哪有个体的容身之处？

这里所说的集体观，我更愿意将其表述成全局观念，指的是思考问题、处理问题要站在整个集体的角度来进行。有了这样的观念，在处理个体与集体的关系时，就能懂得轻重缓急，进行判断和选择。比如学校举行运动会，明知自己在掷铅球这个项目上并没有天赋，但看到班级里其他成员都不愿意参与，而学校规定弃权就要扣分，这个时候，拥有正确集体观的同学就会勇挑重担，为班级出征。

五、我们该拥有什么样的家庭观？

家庭观是指个人对家庭事务所抱有的一种观点、态度或信念，是评价家庭意义与目的及理想家庭的标准，影响着个人经营家庭生活与家庭相关事务的决定。

受传统文化的影响，也可以说是文化基因所致，中国人的家庭观念都比较重。这不是什么坏事。家庭观念重的民族，都是比较平和的民族，所以中国的核心文化强调“和”字。但是，一个家庭并不是只有“和”这个观念就能美好和睦。

我们的孩子未来可能当不了科学家、文学家、观察员、评论员、外交官，但他们会组建家庭，为人父母。他们的家庭是否幸福，直接影响到他们的人生是否顺遂，事业是否有成。

因此，趁孩子们“三观”可塑，告知并强化他们正确的家庭观就很有必要。我通常这样告诉学生：首先，要搞清楚家庭关系的排序。第一种关系是夫妻关系。因此，各位要促成父母关系和睦，给父母信心，不要因为自己的不争气而导致父母争吵、冷战，从而影响夫妻感情。第二种关系是亲子关系。营造好的亲子关系不能只靠父母，也要靠子女，子女要学会体谅父母，用行动去爱父母，让父母感受到自己的付出有所回报，增强他们爱护子女的信心。第三种关系是手足关系。在这个世界上，有血缘关系的就那么几个人，是天大的缘分，因此一定要珍之重之。第四种关系则是祖孙关系。爱父母，也要爱父母的父母。人类能得以延续，是因为上一代总是在为下一代付出，下一代总是反哺上一代的养育之恩。

当学生有了正确的家庭观，愿意去爱自己的家，守护自己的家，他就会有上进心，也会有敬畏心，并遵守规则。毕竟，他所爱的家庭在牵绊着他，他必须为这个家庭好好地成长。

六、我们该拥有什么样的国家观?

简单说，国家观就是维护国家利益最根本的看法与意识。我们都是生活在国家的个体，爱护国家是一个基本常识，但如何才算爱国？我觉得不损害国家利益，不泄露国家机密，做好自己的分内事，并推动某个行业的发展，那就是具有正确国家观的表现。

老师可以利用班会课，或者是做课文解读时，多举一些各行业爱国人士的事例，让每个孩子都明白：只有树立了正确的国家观，才能把国家利益放在首位，不会忘记自己是个中国人，哪怕在最平凡的岗位，也能为国家贡献一己之力。即便是个全职太太，能把自己的家庭经营好，把孩子教育好，不给社会添乱，不给国家抹黑，也是爱国的表现，也是具有国家观的人。

价值文化当然不止我所举出来的这么几条，在班级里只做到这几条也是远远不够的。我只是抛砖引玉，想要说明一个问题：如果我们希望国家越来越好，社会成员越来越自律，除了建立完善的国家制度外，真正需要重建价值文化，让每个孩子从心底接受正确的价值观，再身体力行地践行这些价值观。正如《礼记·大学》中所说："古之欲明明德于天下者，先治其国；欲治其国者，先齐其家；欲齐其家者，先修其身；欲修其身者，先正其心；欲正其心者，先诚其意；欲诚其意者，先致其知，致知在格物。物格而后知至，知至而后意诚，意诚而后心正，心正而后身修，身修而后家齐，家齐而后国治，国治而后天下平。"

把价值文化扎根班级，让学生先知道这些价值观，然后懂得它们的意思，挖掘它们的内涵，扩展它们的外延，拿出内心的诚意来，修自己，促他人，身体力行，付诸实践。不管我们今后走到哪里，遇到什么事情，都能有一个准确的判断，在遵守法律法规的同时，做出合乎人情和人性的选择。

尊重孩子的性别差异，才能做到教育公平

我开发了一套青春课程，且女生课程多于男生课程。看课程题目，好像我比较偏爱女生，容易给人造成重女轻男的感觉。事实上，还从未有学生认为我在性别上有偏袒行为。

进入青春期的孩子，不论是从生理发育、心理发育，抑或读写发育，女生都比男生早两三年。也就是说，女生的身心都已经苏醒，进入春天，男生还在冬眠。如果不尊重男女生的差异，采用“一刀切”的评价方式和育人方法，就很容易耽误男生的成长。

首先，不论我在感情还是态度上，以及对男女生的安排调遣上，都一碗水端平：对事不对人！

其次，我对男女生的引导，尊重了性别的差异。比如对女生的教育，特别注重对她们的智慧进行培养，指导女生如何跟调皮的男生相处，如何交到高质量的闺蜜，如何管理情绪，如何把自己变得精致，如何成为善解人意、聪明又可爱的女孩，如何习得人生的智慧，如何找到生命里最适合的男孩等。对男生，则把性格的优化、精神的成长作为指导重点。

通过上述引导，女生逐渐变得强大，男孩虽然调皮，但讲道理，男女生都能和谐相处。

比如学生刚进班时，男女生之间总是矛盾不断。女生投诉男生，说男生幼稚，乱说话；男生也投诉女生，说女生粗暴，不讲理。之所以出现这种情况，是因为男孩不懂女孩，容易惹恼女孩，女孩又不知道如何应对男孩的调皮，只能粗暴回应。

一、尊重性别差异，帮助男生、女生和谐相处

我会找个机会将所有男生留下来，从女生生理、未来角色、性格三个方面告诉男生男女之间的区别，从而激发男生的同情心、担当心和体谅心。

1. 激发男生的同情心

女生真的很可怜，生理期时腰酸背痛腿抽筋，小腹坠痛，小腿酸痛，心情烦躁。这时，哪个不长心眼的男生对女生乱说话，就很有可能激怒女生，其实这不是女生本来的样子。当然，如果男生的言行举止温文尔雅，进退有度，就会把女生灵魂深处的神性释放出来，她们就成了女神。可是，有些男孩由于不懂生命的奥秘，说糙话，甚至是脏话，更有甚者还对女生施以暴力，女生气不过，当然要还击了。比如，有一天，班里的某个女生课间明明站在教室门口，像一个云淡风轻、气定神闲的小仙女。一个男生看向她，食指一勾："肥婆，过来！"结果那个女生冲过来对男生就是一顿打，人际矛盾就这样产生了。如果男生能礼貌得体地说："女神，麻烦你过来一下。"这个女生听到"女神"二字还会冲过去打那个男生吗？一定不会！好端端一个高冷女神，硬是被男生那句不妥之语激成了女神经。请每个男生都要设身处地地感受女生的不容易，说话要温和、客观，做事要合情合理，一定要设法把女生灵魂深处的神性激发出来，就算激发不出神性，最起码要把人性激发出来。

至此，男孩的同情心被激发出来，纷纷表示不会跟女生处处计较，该让则让，该帮忙则帮忙。

2. 激发男生的担当心

卡尔威特说：如果你在家里教育一个男孩，那是在为社会培养一个公民；如果你在家里教育一个女孩，那则是在培养一个民族。因为她将来大多会成为一个母亲，会把自身的各种优秀品质代代相传。也就是说，托起一个民族的，是母亲！那么，如何才算是一个好母亲呢？当然是人品好，性格好，视野开阔，勤劳善良。

当然，就女孩目前的状况来看，她们距离优秀还差得很远。正是因为差距太大，我们才任重道远。所以，我请求所有男生帮助我，将我们班女生打造成女神，今后她们才能成为神一样的女人、神一样的母亲。

男孩的担当心被激发了出来，踊跃表态，一定要帮助老师把女生变得更优秀。

3. 激发男生的体谅心

男人来自火星，女人来自金星，所以男女是两种不同的生物。区别之一就是：女人是听觉动物，男人是视觉动物。因为女人是听觉动物，所以容易从别人的话语里听出恶意，一旦她们感受到恶意，就很容易受到伤害，甚至做出不理性的行为。

2019 年 7 月 16 日晚上，我从顺德火车站出来准备打车，由于是出公差，报销需要发票。于是，我就问上前揽客的男出租车司机："你打票，还是不打票？"我用的是选择问，自然是期待他明确回答，然后自己就可以做出决定。结果那个男出租车司机不但不顺着我的问题回答，还急不可耐地反问我："你去哪里？你说你去哪里！"我也急了，强调道："你回答我，打票，还是不打票？"男出租车司机才回答道："打票。"我当即坐上出租车，手一挥，说："去大良！"

上车后，我苦笑着说："跟你沟通真困难，我明明问你打票还是不打票，你只需回答'打票'，我就打你车，然后你再问我去哪里，我说去大良。这多简单、顺畅的沟通啊，被你搞得好费力，差点都动气了。"男出租车司机听完嘿嘿一笑，说："是啊，我当时怎么不知道这么说呢，说来我还是文化水平太低，不懂怎么说话。"

之后的行程，我与出租车司机相谈甚欢，抛开前面的小插曲，算得上一次愉快的旅程。

无独有偶。18 号早上，我在光明广场超市的猪肉柜台前又遇到类似的情况，区别只是售货员是个女人。

那天早晨，我径直到超市的猪肉柜台买肉，看见猪肉、排骨都在冰柜里。我买猪肉的经验特别欠缺，无法判断排骨新鲜与否，于是轻言细语地问柜台里的女人："这排骨是昨天的还是今天的？"哪知这个女人的反应太出乎我的意料。她脸色陡变，怒目圆睁，指着我粗声大气地说："如果是昨天的排骨，我把这里所有的排骨都给你！"我吓了一大跳，尴尬地说道："你只需要解释一下就可以了，不用那么大声嘛。"那个女人怒气冲冲地答道："我就是这么大声！爱买不买！"我只得强作镇静地回了一句："有理不在言高。"说完，便悻悻地离开了超市。

为何我用的都是选择句，男人火气全无，女人则越烧越旺呢？这就是男人和女人的区别：男人见我是女人，不跟我动气。另外，男人的听觉信息加工能力很差，他不会强行制造恶意。但是超市里的那个女人，是听觉动物，眼里根本没有我这个人，只有我说的话，她觉得我的话里隐含着深深的恶意，觉得她的人品受到质疑，所以怒不可遏。

知道了男女的差异，跟女生说话时就要看场合，用词要得体，语气、语调都要温和有礼，才不会令女生恼怒。

我以故事为主进行引导，男生很容易听懂，他们的体谅心也就被激发了出来。他们回想起以往不恰当的言语，感到甚是羞愧。

男生的认知水平被我提升后，我又给所有女生打了一副感情牌。特别要提醒：对男生，既要讲故事，还要讲道理；对女生，少讲道理，多讲感情。

二、如何给女生打感情牌？

首先，女生是我的贴心小棉袄。此生，我最遗憾的便是没有生养一个女儿。但我又何其幸运，这一生有那么多青春美少女陪伴。所以，我希望每一个女孩都爱我，我的灵魂被沉浸在深沉的爱河里，就会特别幸福。我一个人幸福了，意味着谁会幸福？那当然是学生，我会把我的幸福如天女散花一般散到学生心里。

其次，女孩是男孩成长的引领者。为何这么说？因为女孩比男孩发育早。都是 13 岁的孩子，男孩还是熊孩子、调皮鬼，但女孩已经略懂事，什么话不可说，该规避哪些麻烦，该怎么讨人喜欢，都心知肚明，洞若观火，男生就傻傻分不清。既然女生在心理年龄上是男生的姐姐，就要有个姐姐的样子，对男生的不上进既要包容，又要强力推动。一个班级，女孩优秀，男孩子就不会太差。

最后，女孩是班级形象大使。一个班级能否被别人贴上优秀的标签，很大程度上取决于女生是否优秀。我带班近 30 年，不管什么班，落到我的手里，女生都不甘示弱。她们绝不允许别人诋毁我们班级的形象，所以不会穿奇装异服，不会画诡异妆，个个清纯有学生味，却又不失青春的活力。她们在运动场上绝不示弱，个个要强发狠，拼一个无怨无悔。她们在学习上也很用力，对自己的未来都有明确的规划。她们不八卦，也不拉小圈子，更不会在现实和虚拟空间中欺凌某个同学，有矛盾，都用光明正大的手段解决。

像这种尊重男女性别差异的教育，在我的教育行动中，简直就是常态。正因为有这种常态，男女生都认为我很公平。事实上，我也没理由不公平，都是我的学生，手心手背都是肉。

班风的好坏取决于班主任是否有正确的价值引领

有个朋友激愤地向我讲述了她女儿的遭遇：

她说她女儿生活在一个班风特别差的班级。究竟有多差？首先，师生关系很冷漠，学生对老师无依恋感，老师对学生也是一副懒得理的样子。其次，同学之间看不到一丝温情，男生随意爆粗口，还给女生取了很多不堪入耳的绰号。更为恶劣的是，一些男生故意在卫生巾里注满红墨水贴在黑板上羞辱女同学。她女儿多次回家哭诉，觉得自己在这个班级简直就是生活在水深火热之中。我这位朋友听到女儿哭诉后义愤填膺，向班主任投诉多次，老师表示会重视，但班风仍然很差。她一气之下就把女儿转回老家湛江一所学校读书了。

我听到这些话自然是惊诧不已，反复问这位朋友："你确定这是真的？你确定这是一群初中学生干的？"我朋友急赤白脸地说："这可是我女儿的班级，千真万确。"唉，这班风委实也太差了。回头看我的班级，男生与女生之间相处得非常和谐，男生根本就想不到这样的恶作剧。

我还记得班里发生过一件特别令人感动的事情。有一次，一位大大咧咧的女孩突然来了月经，屁股后面一片红，她自己不知情，下课了还在谈笑风生。她的同桌是个男孩，他首先发现了这个秘密，一句话都没说，脱下自己的外套，将两只衣袖系在女孩腰间，体面地挡住了女孩屁股上的血迹，然后跑到办公室找我帮女孩拿卫生巾。

这么些年，只要是我带出来的班级，男女生相处得就像兄弟姐妹一样，非常融洽，但他们不会随便早恋。男生热情活泼，很守规矩，不抽烟，也不斗殴。女生积极向上，不分裂，不八卦。至于学习方面，能学懂的，铆足劲学；学得似懂非懂的，咬牙学；实在学不懂的，也绝不放弃。

那么，我是怎么带出这样的班级的呢？个人觉得这跟我的价值引领有很大的关系。也就是说，班主任要具备优秀的价值领导力，在平常的教育教学活动中，要对学生进行正确的价值引领。只有学生形成正确的价值观，才会拥有正确的行为模式。因为任何一种行为模式，都是由这个人的价值模式决定的。价值引领的路径很多，根据班主任的带班风格及工作习惯来决定。我主要是从以下四个方面对学生实施价值引领的。

一、人际关系：与人为善，不给别人添麻烦

统计资料表明：良好的人际关系，可使工作成功率与个人幸福感达 85% 以上；一个人获得成功的因素中，85% 取决于人际关系，知识、技术、经验等因素仅占 15%；某地被解雇的 4000 人中，人际关系不好者占 90%，不称职者占 10%；大学毕业生中，人际关系处理得好的人平均年薪比优等生高 15%，比普通生高出 33%。

上述引用资料虽然指向的是成年人，但对学生仍然有很强的指导作用。其实，班级就是一个早期职场，人际关系处理不好，不仅降低个人幸福感，也会令整个班级笼罩在一种消极、颓靡、混乱的阴影之中。

因此，我在班上反复强调人际价值观：与人为善，不给他人添麻烦。对于这个价值观，不仅要知，还要行，我们必须做到知行合一。

于是，我培养学生具有同理心，提醒每个学生内省：自己是否有同理心？人和人相处需不需要同理心？一个人如果对别人的痛苦与欢乐不能感同身受，这个人就很容易形成无情型人格。当学生学会了设身处地替别人着想，他在行事时就会考虑别人的感受，这样一来就能做到与人为善。

接下来，我会给所有男生上课，教他们把女生惯成神。惯成神并非是对女生无原则地迁就，而是要让男生了解男女生的差异，从而在言行举止方面不冒犯女生，不把女生人性里的“恶”激发出来。当然，也要教他们如何尊重、爱护女生，把女生人性中的美呼唤出来，让女生秒变女神。

当班上所有男生大气又温暖，体贴又周到，对女生呵护备至时，班级人际关系就会和谐。和谐的人际关系当然不能由男生单方面去创造，也需要女生的努力配合。于是，我会教女生如何做一个善解人意的人。当女生学会了接纳和赞美，并且能对男生的付出做出暖心的回应，班级人际关系才算真正和谐。

良好的人际氛围是创造良好班风的关键要素。班主任要想打造一个优秀班级，必须在班级进行人际关系方面的价值引领。

二、个人修养：提升自我，找到更好的自己

不论班主任的整体引导多到位，如果学生的个人修养不到位，这个班级也只是金玉其外，败絮其中。因此，班主任一定要在班上进行个人修养方面的价值引领。这样做既有利于推动学生的社会化进程，又能培养出在未来社会受欢迎的学生。那么，我是怎么做的呢？

首先，告知每个学生：要想做一个受欢迎的人，必须从改变自身开始。当然，我也会举一些学生喜欢且富有正面价值观的明星来支撑我的观点。比如胡歌，他为什么会成为娱乐界的一股清流？除了演技高超外，主要原因是他的个人修养很高。他谦逊、低调、踏实，有情有义，面对老艺术家时，眼睛里流露出真诚的敬佩，行为上表露出真挚的关怀。

其次，顺势推出我班的独家修身秘籍“自我成长修身宝典”。

让我们做个明亮干净的人

1. 开口说话前，先闻闻自己的嘴巴臭不臭。

2. 无论是剪刀还是美工刀，永远握着刀刃，把刀把那一头递给别人。

3. 进出商场超市时，永远回头看看身后是否有人，帮人家撑一下门。

4. 推门、按电梯门时，让别人先出。

5. 坐别人车时，轻一点关门。

6. 遇到对方说话时，尽量不说“我知道”或者“我懂”，只说“嗯，对，好的，你说的对，是这样的”。

7. 不打断别人说话。

8. 不乱动别人东西，尊重别人隐私。

9. 定期清理书桌。

10. 进家门第一件事是洗手。

11. 洗澡时要把耳朵和后脚跟清洗干净。

12. 在外学习的桌子使用前先擦干净。

13. 要放下门帘时注意后面是否有人。

14. 随身带上一包纸巾，方便自己，方便他人。

15. 走路时鞋不要拖地，不仅磨鞋而且很吵。

16. 吃完麦当劳、肯德基后，稍微整理下垃圾，方便服务员清理。

17. 出门常备五件套：纸巾、口香糖（最好是不用咀嚼的糖）、钱包、手机、钥匙。

18. 任何时候，都要听完别人的话再说话，不要站在自己的角度去判断一件事情。因为你认为对的事情，很多时候对方认为是错的。

19. 不在洗手间谈论任何人和事，不传播绯闻。

20. 不给别人取带有侮辱性的绰号。

21. 不管在什么时候都不要爆粗口。

22. 女生在公共场合，坐着把腿并着或是跷起来偏向一旁。

23. 挂电话时，等对方先挂断。

24. 戴着耳机不要跟人说话，说话的时候拿掉耳机。

25. 给女生递瓶装水或饮料的时候，把瓶盖拧松。

26. 吃饭的时候，不要把茶水壶嘴对着别人，放下筷子的时候也别把筷子对着别人。

27. 说话看着别人的眼睛，对视的时候请微笑。

28. 旁边有熟人时不玩手机，吃饭不玩手机，走路不一边走一边玩手机。

29. 开玩笑要以不伤害别人，且别人能够接受为度。

30. 说话时肢体语言不要太多，幅度不要太大，会给人比较舒服、有教养的感觉。

31. 咳嗽、打喷嚏、打嗝时，得体的做法是别过头去，并用整个手掌掩口，然后说声“对不起”或“抱歉”。

32. 回家或离家时一定要与父母打招呼。

33. 有人送你东西时，绝对不要嫌弃，也不要暗示你不领情，侮辱送礼的人。

34. 记住亲人的生日，并致以祝贺，自己过生日时，一定要记得向母亲表达自己的感激。

修身宝典推出来后，如果只是打印出来张贴在教室墙壁上，那就是一纸空文。因此，班主任必须成为一个真正的价值领导者，带着学生将观点落地。

（1）要求学生将上述修身宝典内容工整地抄写在笔记本上。抄写的过程就是内化认同的过程。

（2）要求学生反复阅读上述修身宝典的内容。阅读的过程就是熟悉并将宝典落地的过程。

（3）要求学生将修身内容作为评价标准互评，彼此推动，让每个学生都自觉遵守。

有修身理念做铺垫，有具体的修身宝典做指引，有可操作的落地措施，有班主任鲜明的价值引领，学生的个人修养就会得到极大提高，班风、学风就会变得优良。

三、合作意识：融入团队，成为优秀的个体

未来社会对合作能力的要求很高，也就是说，不具备团队精神，没有合作能力的人，容易被职场抛弃。既然团队精神如此重要，班主任就应该引领学生形成团队精神、合作意识的观念，并将其化为具体的行为。

合作意识不是通过讨论和讲座就可以培养的，而是要通过某种活动、人与人的交往、成员共同完成某项任务来培养的。因此，班主任在做这方面的价值引领时，不仅要把道理讲透，更要有配套的组织建设和具体的活动场景，这样才能把合作意识的价值观与学生的行为融为一体。

1. 用具体的事例告诉学生合作意识的重要性

比如，诺贝尔奖颁发以来的70多年中，在286位获奖者中，三分之二的科学家是因与他人合作而获奖的。还有火爆春节档的《流浪地球》，如果没有导演跟一众演员的通力合作，怎么可能取得40多亿的票房？华为手机的销售历年来都占据中国市场第一，甚至在全球市场上呈爆发式增长，如果没有公司

所有员工的强力合作，华为怎么可能取得如此骄人的成绩?

2. 组建小组，通过竞争激发学生的合作意识

将学生分成实力相当的若干小组，以小组为单位进行捆绑考核，再根据各小组的表现论功行赏。

学生有了自己的共同体，也有了具体的任务，还有令人期待的奖励，他们为了更好地完成任务，就会想办法合作。为了不让队友拖后腿，小组成员也会发扬助人为乐的精神帮助暂时落后的队友，不然就会因个体的滞后而拖垮团队。

作为团队的个体，也会因自己的落后影响整个团队而感到不安，这种不安就会促使他尽快融入团队，提升自己，以便为团队效力，从而产生贡献感，最终生出幸福感。

3. 创设情境，提供合作机会，培养学生的合作能力

作为班主任，不能只说合作的重要性，而是要有意识地把自己的教育教学变成可竞争的项目，为学生增加竞争的机会。比如，以小组为单位的诗歌朗诵比赛、美食汇、演讲比赛、义卖活动等。只要班主任有心做价值引领，一定能找到助力学生成长的契机。

四、男女情感：面对自己，做个智慧的学生

随着学生年龄的增长，亲情和友情已不能满足他们的情感需求，渴望来自异性的情感，也就是爱情来填补感情世界。这是人的正常需求，谁都没有权利剥夺。可是学生心理发育普遍滞后于身体发育，虽然他们的身体诚实地表达了他们的需求，但是心理上的稚嫩又让他们无法平衡男女感情与学业及生活。鉴于此，班主任不可放任学生的感情，而是要对他们进行情感方面的价值引领，帮助学生度过充满活力又危险的青春期，避免学生受到身心的伤害。

1. 对学生进行爱情观的价值引领

首先，要告诉学生，由于身体的发育，他们对异性产生好感，这是正常的，也是正确的，因此不必难堪，更不要产生罪恶感。其次，要告诉学生，从古至今，爱情被传唱不衰，这是人间最美好、最圣洁的感情。许多人穷其一生都在寻找爱情，也未必找到真正的爱情。因此，我们对待爱情的态度要恭敬，要像保护贡品和奢侈品一样满怀虔诚与珍爱之心。最后，还要告诉学生，爱一个人没有错，但如果你的爱阻碍了别人的成长，甚至伤害了别人，它就是错的，真正的爱一定是推动双方共同成长的。

2. 做个有智慧的人，理性对待感情，把自己变成更好的人

走进历史长河，扒一扒历史上那些活得幸福圆满的人，无不充满人生的智慧。比如林徽因，她知道自己是一个什么样的人，也知道什么样的人适合她，所以她理智地选择了跟她志趣相投的梁思成，最终成为她自己，也成全了她自己。如果林徽因没有智慧，只听从内心感性的声音，她很有可能会选择徐志摩，那她就不可能成为新中国成立以来最优秀、最杰出的女建筑学家。又如钱锺书，他在与杨绛结婚前，被不少优秀女性包围，但他选择了杨绛，并且说杨绛是他此生唯一想娶的女人。男女之间的感情是否走得长远，不仅取决于爱不爱，还取决于对不对。不对的人，爱得再怎么天昏地暗，时间久了也会情淡爱驰。对的人，两人在一起走着走着，就会发现对方才是彼此的唯一，两人的感情就像酒窖里存放的陈酿，时间越久远，味道就越醇香。

智慧的人能收获人生的幸福，就是因为他们理性，知道自己想要什么，也知道自己适合什么。他们不急，愿意等，直到等到生命里最对的那个人。

3. 帮助学生建立性道德，树立正确的性价值观

我们经常在公共场合看到一些穿着校服的男女学生搂抱在一起，肆无忌惮地做出一些亲密的举动。小小年纪做出此等事来，这些学生是道德败坏吗？这个价值判断可不能随便下。真正的问题是班主任缺乏对学生性价值道德观的引导，因此必须对学生进行性道德观的教育。

（1）双方自愿原则。自愿是以不违反公共道德为前提的，比如互有好感的男女偷偷接个吻，在私密空间问题不大，但如果在商场、地铁、车站里做这种事，就是不道德。因为这种行为对他人造成视觉和心理上的不适感。

（2）无伤原则。既然彼此喜欢，那就要把利益最大化，推动双方进步，把彼此变成更好的人，而不是凭着本能的需求去伤害对方。不管你所谓的感情多么高尚美好，只要伤害了对方，你的做法就会遭到唾弃。

（3）爱的原则。两个人在一起，身体感受和心理感受必须有机结合在一起。也就是说，必须是出自内心最真挚的爱，是两情相悦，而不是在一起玩玩就算了。对待感情“玩玩而已”的态度，跟流氓无异，一定会遭到他人的讨伐。还有那种强行要求对方跟自己在一起，完全不顾对方的感受，也完全不管对方爱与不爱的行为已经不仅仅是流氓行为，而是罔顾道德，触犯法律了。

我们不要奢望学生个个都能自我教育，老师如果不对学生进行价值引导，学生的内心就可能是矇昧的，甚至是黑暗的。他们不知道前行的方向在哪里，人生之路怎么可能走得顺畅通达呢？

解决问题的根本思路，首先是探寻问题的真相

一、如何管教屡屡违纪的学生？

钟老师：

我叫樊×，现任高三班主任，有四年的班主任工作经验。

我班上有个男生，爸妈在深圳工作，他在阳江读高中，初中是在深圳就读的。这个学生年纪比其他同学小一点，比较活泼，平时上课会迟到，讲话，偶尔趴在桌子上睡觉，晚自习时不时地会出去半个小时再回来，不穿校服，纪律问题比较多。这个学生我也是刚刚接手一周多，目前还没找到什么好的办法约束他，问他为什么不守纪律，也是各种理由。

我希望能够得到您的一些建议，如何让他有所收敛，遵守纪律，谢谢。

樊老师的困惑在哪里？一个高三学生，本应把所有的时间和精力放在学习上，每天不厌其烦地刷题，可是这位学生表现出来的行为显然令樊老师感到不适。作为学生，明明不该迟到，他却迟到了；明明该静心听课，他却小话不断；明明该精神抖擞，他却趴在桌子上睡觉；明明该穿校服，他却不穿校服；明明该老老实实待在教室里上自习，他却要私自出去半个小时；犯了错误明明理亏，老师批评就该夹着尾巴点头认错，可他偏偏表现出不耐烦。

这样的学生，估计每个班主任都遇到过，真的是好烦人：紧抓他不放吧，费力不讨好，还绑架了老师巨多的时间；对其放任自流吧，不仅影响班级声誉，班主任还要遭受良心的谴责，实在是为难！

怎么办？放弃，还是不放弃？如果这是我的学生，我是不会放弃的。那么，我可能怎么做呢？

首先，我了解到一个事实：他父母在深圳工作，他现在就读于阳江高中。很显然，这个孩子中考时因没有深圳户口而无法上深圳的高中，因此只得回老家阳江就读。

原本在深圳读书，半途被打回原形，孩子的心理落差巨大，很容易活成废柴。孩子回去了，父母又没跟着回去，纷至沓来的麻烦全得由这个落魄的孩子来应对。生活上的不适应，情感上的缺失，令孩子内心空虚，很容易变得麻木不仁。

这一类孩子，我见过不少，需要老师和家长帮助他们重建人际关系，重塑价值观，他们需要更多的“看见”与关怀。可是据我所知，这类孩子回到老家，很容易遭到打击和孤立，也鲜少得到老师的帮助。我不知道樊老师口中的孩子是否遭到类似待遇，但我敢肯定，孩子活成这种生命状态，高一、高二的班主任一定没有打开孩子的心门。

因此，樊老师要做的，不是要求这个孩子做这做那，而是想办法靠近他，搞明白他心里的真实想法，弄清楚他对未来究竟有怎样的规划。他的家庭关系如何，与同学的关系如何，在阳江有什么样的朋友圈……这些问题都要搞清楚。人是活在关系里的，他活得那么别扭，说明他的各种关系都没有理顺。

作为班主任，如不能全方位读懂学生，就找不到打开学生心灵的通道，老师的本事再大也无能为力。

此外，这个孩子为何迟到？他对迟到这件事怎么认定？他上课为什么讲话？他对讲话影响他人这件事怎么看？他秉持着何种价值观？他不穿校服是什么原因？他对中国的集体主义怎么看？我们的集体因他的“与众不同”而受到牵连，他心里怎么想？

通过不断探寻，生命的真相就逐渐浮现在我们的眼前，解决问题的方法也显出庐山真面目。就算不能解决上述问题，我们最起码知道问题症结，不至于让事态恶化。

在此我想温馨提醒一句：不要心急火燎地去解决问题，而要耐心寻找问题的根源，找到根源才能对症下药，这是基本的专业意识。

二、如何管教上课睡觉的学生？

钟老师：

你好！我是一名高中的班主任，我有个问题想向您请教：学生自习课老是睡觉怎么办？住校生有，走读生也有。他们晚上爱玩手机，白天就是困！每次都去叫醒、拍醒他们，也个别谈过话，也惩罚过，效果都不太好。我有点不知所措了。

学生高二的时候我就带了，有四五个学生，一般都是在晨读和自习课上睡觉，困得厉害的上课也睡，晚上基本都是 11 点多睡觉，不会超过 11 点半。我一般都会轻轻叫醒他们，后来就直接让他们站起来，至少半小时。现在，高三开学了，还是这种状态。

这位老师提到的学生也是高三学生，自习课睡觉，老是喊困，还说此种现象高二就存在。高三的学生，就算目标感不强，至少也知道这一年该干什么。以前吊儿郎当的学生在高三都会收敛不少，为何这些高三学生却违背常理呢？原因可能很多，但真相只有一个。因此，正确的思路还是搞清楚真相再对症下药。那么，如何搞清楚真相呢？

我们不妨做如下假设，然后一一验证，能被验证的就是这个孩子上课睡觉的原因。

（1）学生成绩太差，连个高专都考不上，对自己完全丧失信心，破罐子破摔。如果学生的成绩确实差到这个份上，睡觉比苦熬更利于健康，那就让他想睡就睡一阵，精神抖擞了再学一阵，不影响他人就好。不要强求，强扭的瓜不甜。

（2）学生晚上玩手机不能自拔，严重影响了睡眠，第二天精神不振，只有睡觉续命。如果是手机作祟，说明该学生自控力差，管理手机的能力有待提高，可以与他交涉达成协议，也可让家长或学校领导介入处理此事。如果不是手机作祟，那就有可能晚上熬夜太久影响睡眠，比如卧谈、背书、刷题等。这一点有待老师去调查，如果属于此种原因，引导学生管理好睡眠时间。

（3）学生白天特别嗜睡，如果不是熬夜影响睡眠，那就有可能是晚上睡眠质量太差，要么失眠，要么睡不实。是什么原因导致学生睡眠质量太差，这个需要老师搞清楚，如身体原因，还是压力太大，或者是家里出了问题，再或者是孩子有焦虑症等。没有搞清楚真相，实在不便下结论，也不便给出解决办法。

（4）学生的身体有暗疾，能量不够，浑身乏力，任何时候都想打盹。这也需要老师搞清楚，如果身体有暗疾就要及时治疗。

（5）学生天生就爱睡觉，随时随地都可以睡着。这样的学生不多，但确实存在。一般来说，遇到这样的学生，我比较包容，实在太困，就睡一会儿吧，能睡绝对是一件幸福的事情，不能剥夺学生的幸福。要知道，现在很多人有睡眠困难。

（6）厌恶学习，课上睡觉是为了逃避学习任务。这样的孩子实在不多。没有睡意硬要强迫自己睡觉是很难受的，装不了多久。仔细观察，这种学生在非学习时间是不是精神抖擞、意气风发？如果是，那就是拿困当借口来逃避学习，对他们不要客气，该罚站罚站，该跑圈跑圈。

很多老师遇到问题，第一个念头就是：我该怎么办？你又不是扁鹊，能怎么办？正确的思路是，稳住事态，然后问自己，是哪些原因导致这样的结果。追问之后去探寻问题背后的真相，长此以往，老师解决问题的能力就提升了。

利用升维与降维对教育进行顶层设计和实施

为什么班主任越来越难当？因为学生产生问题的速度已经远远超过班主任专业成长的速度。

十年前我的学生吵架，要么是两军对垒，叉腰对骂，骂完也就过了；要么是写个字条斥骂一番，骂完也就把字条撕了。形式简单，内容单一。对于此类问题，我的处理方法要么是两边说和，要么是各打 50 大板。处理方法虽然简单，但往往有奇效，学生不是被我的“动之以情，晓之以理”打动，就是被我的严厉批评吓住。

现在的学生，根本不会在我眼皮子底下吵。那他们在哪里吵，以什么形式吵？不妨先看看我处理的一个吵架案例。

吵架人物：两个女生，都争强好胜。学习上，都想考第一；情感上，都想得到我更多的关爱。于是，她们私下互相看不惯，常常互掐，但在我面前又装得关系密切。

吵架地点：网络空间。

吵架形式：用网络语言互相攻击。

吵架内容：女生甲首先掀起骂战，指名道姓骂女生乙：女生乙自然不服，反唇相讥。

两个女生用网络语言你来我往地骂个不休，班上的吃瓜群众先是围观，然后站队，最后也加入骂战，搞得班级乌烟瘴气。

面对这种新问题，真是心累，我该如何处理呢？

传统的做法是把两个惹事的女主抓来臭骂一顿，然后互相赔礼道歉，握手言和，事情到此为止。这个想法当然没错，放到十多年前确实能解决问题。关键是，现在的孩子，不论胆子还是见识，都远超十多年前的孩子。我究竟要怎么做才能不费一兵一卒将两个女生的矛盾化解呢？既然学生要搞网络词汇大战，我何不也来个网络词汇串烧？要知道，我可是网络潮人，比他们知道的网络词语多了去了，用起来可是得心应手。于是，我根据学生的骂战内容迅速组织了一段针对性很强的网络语言贴在班级群里，如下：

警告各位亲：本来是一群小公举，一天到晚不把心思放在学习上，究竟弄啥嘞？本是同门生，相煎何太急？难道要怪我咯？跟你们说，看到你们互掐，我的内心几乎是崩溃的！重要的事情说三遍：再不收手，再不收手，再不收手，我有一百种方法让你待不下去！

据学生反映，我这段网络语言真是让他们大开眼界，他们想不到我这个老师竟然懂得那么多网络语言，尤其是最后一句“我有一百种方法让你待不下去”，把那些吵架的同学吓到了。他们都知道我是一个在原则之内寸步不让的老师，既然敢说那样的话，就说明我心里有了主意，她们再不收手，我必定会收拾她们。于是，她们吓得赶紧休战。

见孩子们休战了，我也没在班上提这件事，而是又写了一段话贴在班级群里：

各位网红，今后再也不要给我演悬浮剧了哈！我想静静！为表扬你们及时休战，给你们搞个五毛钱特效。这个五毛钱特效其实就是一张搞笑的图片。据说，我这段话以及这张特效图片贴出去后，把孩子们给笑惨了。尤其是两个当事女生，相当羞愧，约定以后再也不吵架，而是互相学习，共享师爱。

试想，如果我当初一个网络词语都不懂，甚至连学生的吵架内容都读不懂，怎么去处理这个问题？我除了厉声斥骂她们外，无外乎就是再给她们讲一番“放之四海而皆准”的大道理。如果这样的话，我不仅不会令她们鸣金收兵，只怕是闹得更厉害。

这就说明，班主任在专业成长方面，与时俱进是多么重要，了解网络上的新鲜知识是多么必要。做一个潮范儿的班主任，才能征服当下海量信息裹挟下成长起来的新新人类。

2018年暑假，很多妈妈给我发信息，焦虑地说她们的女儿既不看书，也不写作业，每天魂不守舍，这样下去该如何是好？

暑假作业那么多，干嘛不写呢？她们究竟在干什么呢？原来，这些女孩都在追《三生三世十里桃花》，沉迷其间不能自拔。有个女孩更是夸张，听她妈妈说，有天晚上她竟然坐着一动不动看了8集，气得妈妈破口大骂，母女俩大干一场，冷战三天。

还有不少女生通过微信怂恿我看这部剧，说《三生三世十里桃花》超级好看，赵又廷饰演的夜华简直帅炸了，他那整容式的演技简直炸裂半个宇宙。真的超级好看吗？是什么神剧把我的女学生搞得五迷三道的？

于是，我也开始追看《三生三世十里桃花》。这一看，呀，真的很好看！画面好唯美，剧情好走心，男女主角颜值超高，尤其是那些男女在剧里撩来撩去，很有情趣。我发现我也沉迷其间不能自拔了，沦陷了，欲罢不能了，非得把这部剧看完不可。看完之后，我还意犹未尽，又把原著买下来读了一遍，这才算过了瘾，也才真正明白为何这部剧会把年轻女孩迷得不要不要的。

于是，我挥笔写下一篇文章——《从〈三生三世十里桃花〉看你距离男神还有多远？》发在微信公号里，再把链接发给学生，让她们好生阅读我这篇花了一个暑假得来的文章。

开学之后，我找了个时间，把那些暑假追剧追得"醉生梦死"的学生集中在一起，要跟她们好生聊聊《三生三世十里桃花》。果然，她们聊得很嗨，代入感也很强，沉浸在剧情里久久走不出来。我顺势问道："你们渴望成为男神收割机吗？"我这话一出，所有的女生都异口同声："想！"声音洪亮、欢快，眼睛里还绽放着迷醉的光芒。

我说："好，那咱们就来说说这部剧里的三个女主（其实是同一个人）与男主的故事。"

首先说司音，她是何许人？她可是青丘狐帝的女儿，未来的女帝。看看人家投生的本领，生下来就是帝王命。再看看你们自己，投生在什么样的家庭？你的父母能给你什么样的未来？正是因为司音有这样的家庭背景，她的圈子起点就很高。她幼时的玩伴、靠山、导师、撒娇对象，是父神的养子折颜。昆仑虚的墨渊又是父神的儿子，跟折颜是兄弟。因为这层关系，司音才有机会到昆仑虚拜墨渊为师，也才有机会在昆仑虚的金莲池里见到夜华的元神。

从司音的经历来看，世界上不是没有男神，而是你不在男神的圈子里，根本没有机会认识。这个分析对女生的打击很大，我看她们的表情很是颓丧，心中不忍，于是又带着她们分析凡人素素。几个女生见我分析素素，有几分雀跃，说素素是一介凡人，居住在那么偏僻孤寒的俊疾山，她不是一样遇到了天孙夜华吗？

好，那咱们来看看素素是一个什么样的女子。

素素是谁变的？白浅。虽然她没了白浅的法术，但是拥有白浅的美貌。一个众星捧月的天孙，未来的天君，凡人素素竟然在他面前泰然处之，无所求取。这对天孙夜华来讲，简直是前所未有的新奇体验。因此，天孙夜华爱上素素就不足为奇了。

女孩从此处情节中应该看到什么？即便我们的投生技术不够高明，没有优秀的父母，也没有优渥的家境，但可以做一个善良、独特、不媚俗、不攀权、不讨好、有风骨的女孩。多运动，保持好身材；多读书，修养好气质。

这段分析令许多女孩的信心得以提升。好的老师，既要把傲娇的学生挫下去，又能在她们受挫时及时鼓励，让她们看到希望，继续产生强烈的信心。

接下来，自然是分析上神白浅了。白浅为何能赢得小她 9 万岁夜华的爱？

她可是九尾白狐，青丘女帝，四海八荒第一绝色。白浅有绝色的风姿，高强的法力，尊崇的地位。她有底气对夜华若即若离，恰似这般风情，撩得夜华心痒难耐，夜不能寐，最终成为白浅感情世界里的灼灼桃花。

白浅的此番经历告诉女孩，不管在何时，把自己修炼成上神才是最重要的。与其费尽心思找男神，还不如把自己修炼成女神，甚至是众多男神心目中的女神。

可是我的那些女孩忙着追剧，疏于学习，也疏于打扮，朝内看，败絮裹其中；朝外看，金玉不曾见。她们就跟《丑女无敌》中的林无敌一样，即便遇到男神，也只是擦肩而过，甚至连跟男神擦肩的机会都没有。

当她们看到林无敌的照片时，忍俊不禁的脸上多少还是有些难堪的。我问她们："请问，就你们目前的修为，距离男神还有多远？"

女孩们陷入沉思，之前迷乱的眼神逐渐变得清晰。有个女生站起来侃侃而谈："如果我们现在不沉下来努力学习，拿个初中毕业证就去找工作，那就只能去流水车间，或者一些不正规的小作坊，那么我们的男神就在流水车间或者小作坊里。我们想要到腾讯总部、华为总部或者是迅雷总部找工作，就只能在门口抬头一望，然后喟然长叹：呀！这楼好高啊！可惜我们进不去，男神可望而不可即！"

女孩真是聪明，一点就透。我最后总结道："从现在开始，你得历劫飞升，把自己变成女神，才有机会进入男神的圈子。在修复好学习这个硬件时，也要在自己的价值体系里编入如下代码：善良、自信、独特、有个性、有底线、有原则、有本事、不媚俗、不攀权、不使诈、不害人。请记住：一个只会死读书的女孩，她的灵魂索然无趣！"

学生成长需要历劫，作为班主任，该如何历劫飞升呢？

历劫的方式当然很多，但如果从紧跟时代，做一个潮范儿班主任的角度来说，我觉得要从两个方面来突破。

一、认知上要升维

作为班主任，在认知上要超前，要有格局，要站得高、看得远，要能洞见生命的本质，给到学生可持续发展的成长养分。

那么，如何才能让认知升维呢？那就要跳出阅读舒适区，多读爬坡类的书籍，如荣格、詹姆斯、卡尔·罗杰斯、塞利格曼、菲利普·津巴多等著名心理学家的代表作。还需要读一些古今中外教育名家的书，如陶行知、苏霍姆林斯基、杜威、卢梭的等。在经济高速发展、自媒体风起云涌的时代，如果只固守手上的那本教材，或者读点娱乐性的文章，抑或读一些无病呻吟的鸡汤文，教师饭碗端起来的难度就会越来越大。因此，老师一定要跨界阅读。比如文科生，要读一读理科生写的书。我比较推崇万维钢写的《万万没想到》和《高手》，读了这些书，分析能力及逻辑思维能力都能得到很大的提高。理科生可以读一读哲学、美学类的书，对于思辨及审美都有很大的帮助。作为长期驻守在学校的教师，可以读一读法学、经济学方面的书，甚至医学方面的书也可以涉猎，毕竟身体才是我们最宝贵的消费品。

二、行为上要降维

所谓行为上的降维，就是要有学生立场，倾听学生的心声，蹲下来跟学生说话，并且用学生的话语系统把复杂的观点简单地表述出来，能够说到学生心坎里去。

那么，如何才能做到行为上降维呢？首先，想办法挤进学生的生活圈。课室只能看到学生的学习状态，很难看到他们生命的本质。唯有进入他们生活的场域，我们才能看见一个丰富多彩的生命，知晓这个生命的喜怒哀乐，才会理解与接受、体谅与帮助。跟学生处在同一个生命场域，师生之间才会心心相印。

其次，挤进学生的朋友圈。我们经常说，看一个人是什么样的人，不要看本人，而是要看他的朋友圈。这话当然是有些道理的，毕竟“物以类聚，人以群分”这个道理是被反复验证了的。因此，班主任想要站在学生的角度，就必须走进学生的生态系统，以师者的身份来分析学生，以朋友的心态来看待学生，以点灯人的无私来点亮学生的心灯。

最后，挤进学生的阅读领域。学生读什么，就在吸收什么。作为班主任，从来不关注学生在读些什么，你无论怎么用力都走不进学生的生命场域。你还在“四书五经”中“之乎者也”，学生都已经在玄幻仙侠里历劫飞升了。我是学生读什么，就去读什么，甚至比学生读得更深入，解读得更深刻，透过故事情节看到生活的真相、生命的本质。学生就特别佩服我，觉得我简直潮爆了，特别愿意跟着我一起朝向美好。

做个潮范儿班主任，走在学生前面，做学生的点灯人，照亮学生前行的道路，让他们看到未来，并愿意为自己的未来去奋斗，教育的成本就会降低，成效就会大大增加。

巧用教育的“第三方平台”

一直以来，教育都把老师视为教育的主导，学生则是教育的主体，貌似平等，实则是一种教育与被教育的关系。

我所秉持的教育理念是：老师和学生其实都是教育的主体，是教学相长的互助平等关系。在我的教育场里，除了我跟学生之外，其他所有的手段或者载体，都被我视为“第三方平台”。我借助“第三方平台”释放教育的能量，惠及我与学生，把我跟学生都变得更美好。

因为有了这个“第三方平台”，很多突发事件所造成的压力都可以得到缓冲。教师能够以一种比较从容的态度来面对学生的过失和自己的情绪，学生也可以在“第三方平台”的作用下学会反思。这样，师生双方都会非常冷静、理性地面对问题，分析问题，解决问题，最终达到师生共同成长的目的。

一、用文字把道理说到孩子心坎上

从小，我就是一个牙尖嘴利的孩子，当了老师，更是能说会道。这是我的长处，也是我的短处。为何呢？张嘴就是一套一套的大道理，说得很在理，经常把自己都感动得一塌糊涂，学生却心怀抵触，油盐不进。

既然用嘴巴说大道理容易被学生视为“正确的废话”，我何不把道理化为文字，以情真意切的文字为媒，把道理说到孩子心坎上呢？

班上有个女孩因为父母忘记了她的生日，在教室里情绪失控。尽管我当时做了比较妥当的处理，但是孩子一直闷闷不乐，心结始终没有打开，这可怎么办呢？借助文字吧！用文字敲开她的心门，是比较温软且有效的做法。心念神动，于是敲击键盘为孩子写了一封信：

孩子：

有些话，我本不想对你说。一则，我想等着你自己领悟，毕竟成长中很多坎需要自己迈过；二则，我也不想让你觉得我很啰唆，因为啰唆对我来讲，意味着衰老，意味着更年期就要来了，我不想这么快就老，我喜欢年轻地活着。可是，看你整日愁眉不展，唉声叹气，我还是忍不住要跟你啰唆几句，即使你认为我更年期来了，我也要啰唆。

那天，你气急败坏地冲进教室，朝你的同桌吼道："让开！"你的同桌不知所措，慌忙起身移到巷道站着。你闪电般抓起桌上的书本，使劲地朝地上摔去，吓得其他同学赶紧停下了手中的事情，转眼呆望着你。

而我，刚好在你后面，目睹了你"吼声震天，怒火烧心"的场景。什么事情让一向温婉的你如此暴戾？什么事情值得你如此大动干戈？

我很惊悚，也很纳闷。这让我看到了另外一个你——暴怒之下毫无美感的你。

我什么话都没说，拉着你，缓缓地走出教室，到办公室。我请你坐下，给你倒了杯水，拍了拍你的肩膀，抚摸了你的头，然后去教室看那群被你吓得莫名其妙的同学。

等我回到办公室，你已经平静成一汪清水，兀自在那儿翻着我放在办公桌上的书。

我微微一笑，柔声问："心情好些没？"

你答："好多了。"

我问："什么事值得你这样生气？"

你低头，嘶声道："我的生日，我爸妈竟然忘记了，去年忘记了，今年又忘记了。"说完，你用手背揉着眼睛，我知道，那里面有泪水，你装作眼睛发痒。

我想说："不就个生日嘛，忘记了就算了嘛。"但我没说，我知道我这话一出口，你心里就会顶嘴：哼！忘记的又不是你的生日，你当然说得轻巧。事实上，这个事对我来说，真的很轻巧，因为我压根就不会给我爸妈忘记我生日的机会，同样，我的儿子也从来没有给我忘记他生日的机会。

我只是拍了拍你的肩膀，笑着说："他们确实该挨批评，竟然把宝贝女儿的生日给忘记了，我这就打电话骂他们一顿。”说完，我摸出电话佯装拨打，你赶紧说：“算了，到时他们又会说我在告他们的状，又会借此数落我一顿。”

我说：“好吧，暂时不骂，留着家长会骂，把粗心的家长都骂一通。说实话，有些家长实在是该教育了，你说，我要不要在家长会上点名骂你的家长？”

你听着我装腔作势打抱不平的话，扑哧一声笑了，然后说：“算了，我已经原谅他们了。”我说：“那好，暂时把这笔账记着，我早晚要给你讨回公道。”说完，我们两个欢快地回了教室，你也给同桌道了歉。我以为，这件事就此翻篇，哪知道，你心里还是阴云重重。

上面算是交代背景，接下来才是我要表达的正题。

我在前面说了，我压根就不会给我父母忘记我生日的机会，我的儿子也从来没有给我忘记他生日的机会，这是怎么一回事呢？好吧，你把耳朵支起，让我细细说给你听。

自我懂事起，我就知道，我生日那天，要向我妈说感谢话，感谢她把我生了出来，然后要把最好吃的东西夹到她碗里，请她先吃，她吃了，我才能动筷。

后来，我长大了，读书了，我会在生日前两个月攒钱，等到生日那天，拿出我所有的存款，买我妈最喜欢吃的东西，然后欢欢喜喜地回家，请她老人家享用，看着我妈吃得既欢喜又满足的神情，我的心里真的很快乐！我感受到了什么是幸福，就是那种一股暖流从头顶流到脚底，心中无限满足、无限欢喜的感觉。

再后来，我工作挣钱了，我的生日一到，就想着要给我妈买这买那，然后还要打电话，肉麻地说一通感谢话。其实每次都是老生常谈，比如，感谢你生了我啊，感谢你把我养大啊，感谢你培养了我啊，感谢你让我看到了这个花花世界啊，等等，什么好听，我就说什么，由衷地表达我的谢意。

你说，我这样一折腾，我的爸妈会忘记我的生日吗？不仅没有忘记，反而给了我更多的关注。比如三八妇女节来了，我爸妈会打一个电话，温柔地祝我节日快乐。教师节来了，我爸妈也会给我打一个电话，温柔地祝我节日快乐。我的生日，我提前感谢了我爸妈，但等我电话一挂，过会，他们就打电话来了，祝我又长大了一岁，还叫我要煮好吃的，或者是叫我到餐馆撮一顿……每句话都朴实无华，可是那无华之中，满溢着父母对我的爱！

还有我的儿子，每次他的生日，一大早，他就来给我“请安”了，对我表达生养他的谢意。中午吃饭的时候，饭桌上他最喜欢的菜，首先是夹到我的碗里，接着是夹到他爸爸的碗里，然后恭敬地请我和他爸爸动筷，接着他才放开肚皮吃。除此之外，他还会悄悄地给我准备礼物。礼物虽然很简单，但让我很感动，觉得此生拥有这样一个儿子是我最大的幸福。你说，我儿子这么一折腾，我会忘记他的生日吗？我永远都不会忘记，而我回报给我儿子的，则是一个极其幸福、开明、完整的家。

亲爱的孩子，你因为父母忽略了你，整日闷闷不乐。那么，你在抱怨父母忽略你的时候，是不是也忽略了你的父母呢？

父母爱自己的孩子，既是本能，也是责任。那么，作为孩子，学着去爱自己的父母，是不是也很有必要呢？与其抱怨父母把你忘记了，你不如主动出击，让父母牢记你。

这封信的效果很好，女孩子很快就活力满满，变成一只快乐的小鸟。这个效果是我能预料得到的。我一直相信文字的力量，相信书信是师生沟通最温润、最走心的方式。借助文字，巧用自身的经历，给孩子们讲个美好的故事，孩子们在读故事的过程中，道理也就植入他的心坎了。

二、利用下水作文巧解学生心结

莲韵 9 班的甘舒婷在习作《熟悉的陌生人》中大肆鞭挞我，说我就因为她忘记带《知识小本》，就在课堂上当众对她破口大骂（写得有些言过其实，我只是厉声批评了她），害得她颜面尽失，所以心中对我非常愤恨。

她还说我以前态度很温和，说话也很讲理，但是，“知识小本”事件让她对我进行了重新审视，这让她觉得以前的所谓了解其实并不了解，我在她眼里突然变成了一个陌生人。

很显然，孩子心里对我有意见，甚至有偏见了，我该怎么解开这个心结呢？跟她承认错误？但我没错。她犯了过失，批评是我为师的权利。找她谈心？会不会小题大做，让她觉得尴尬？

犹疑之间，恰逢“写作周周练”的时间到了。我安排孩子们写一写“你的________，我懂”。突然，我灵光一闪：我不是有写下水作文的习惯吗？何不利用这个契机，针对甘舒婷习作里提到的关乎我的种种写一篇文章，巧妙地解开她的心结？

你的心思，我懂

上周的作文《熟悉的陌生人》，没想到我成了甘舒婷笔下的讨伐对象。

唉！你看她是怎么讨伐我的——又胖又矮，还一脸的花斑，活脱脱一个胖奶奶。

说我胖，是事实，说我矮，也是事实，说我像个胖奶奶，我也承认，我不少同学都已经当奶奶了，我做个奶奶不吃亏。但是，说我一脸的花斑，打死我都不承认！虽然我的脸不及从前白净，但还是干净无斑的。

除了对我外貌进行了毫不留情的描写外，甘舒婷还批判了我的“丑恶”行为。

那是在一堂语文课上，我们要进行语文基础测试，很多同学都没带《知识小本》来。我当时很愤怒，为何会愤怒？因为我在前一天反复强调过，重要的事情说了不止三遍！再说了，10 班我也强调了，没有一个同学出这样的差错。为什么我发出的信息，10 班全都接收到了，而 9 班却有十多个同学接收不到呢？原因很简单，因为 9 班的孩子不上心，也不善于倾听，这也是他们整体成绩落后的原因之一。所以，我非常恼火，真实的想法是恨不得对这些熊孩子“痛下杀手”，但我只是暴风骤雨似的批评了他们一顿。

这一批评，当然令当事人心里极度不爽。甘舒婷在文末不是剖析过她的心路历程吗？她说，她心里一阵愤恨，恨不得冲上讲台对我一通大骂。

至此，甘舒婷对我十分失望，她以为她很了解我，殊不知我竟然是这样的人，对此，她没什么好说的，只觉得我对她而言是一个熟悉的陌生人。

读了这篇文章，我真的是心潮起伏，百感交集。你对学生一百个好，但只要有一次不好，那所有的好都会变成零。

我不是要抱怨什么，只想说，小甘，你的心思，我懂。

首先，你是一个女孩子，在大庭广众之下，被老师厉声指责，面子上确实过不去，心中生了怨恨也是很正常的，所以，我不会因为你吐露了心声而厌恶你，相反，还很欣赏你的诚实，欣赏你敢讲真话的精神。

其次，你明知这篇文章的读者是我，还把这件事写出来，无非是想向我倾诉一下，表达一下你的委屈，这也说明你是信任我的，知道我不会因此责怪你。

当然，我也可以理解为你这样写的目的是要运用"欲扬先抑"的手法，尽管通篇你只有抑没有扬，我也相信你是想要扬的。因为在文中你始终还是说到这件事是你不对，你不该不带《知识小本》来。

小甘，身为学生，没有不挨批评的，身为老师，没有不批评学生的。不管是批评还是被批评，都是为了更好地成长。

小甘，我再说一遍，你的心思，我懂！不要有什么压力，也不要感到尴尬，更不要胡思乱想。我还是你以前看到的那个我，并不陌生，当然，也并不熟悉。毕竟，读懂一个人，需要时间，需要诚意，也需要智慧。

我把这篇文章作为范文在班上进行点评。点评之前，我也针对我在语文课堂上不顾情面地批评同学的过失行为表达歉意，并且剖析了我的做法背后的真实原因。

首先，我告诉孩子们，不管我的身份是什么，我都是一个人，并且是一个会受伤的女人。因此，当我的信息发出时，9 班和 10 班出现迥然不同的效果时，我确实非常愤怒。9 班，我亲爱的莲韵 9 班，费尽心思想要把它带好，恨不得把每个孩子的生命都变成奔跑的姿态，可是在我推动的时候，你们不但不使劲朝前，还咬牙伫立不动。你们说，我心里这份疼痛谁懂？我的心思，你们懂吗？

其次，作为一个老师，批评学生的错误行为是我的权利。大家都知道，我的批评原则是"事不过三"。前三次的过失我都会原谅，但是第四次，我绝不原谅。大家想想，那天语文课上挨批评的同学，是否是初犯？既然犯了错误，那就必须承担。没有理由既要犯错误，又要老师装作没看到。也许有的老师做得到，对不起，钟老师做不到，原则之内，我寸步不让。现在，你们是我的学生，在这个教室里违规了，我原谅三次之后就会严惩不贷。等到你们毕业了，花高价钱请我批评你，我都会沉默是金。

还有，我必须告诉大家，不管我怎么批评你，都是针对你的行为而言，绝不会对你进行品德评价，更不会影响我对你的感情。所以，请每位同学放心，感情归感情，批评归批评，千万不要混为一谈。

说完这些话，我就开始朗读我的习作《你的心思，我懂》，一边读，一边点评，我特意把语言调至轻松幽默的状态。孩子们一边听一边笑，我一边读一边停，停顿时便夸张地说："此处应该有掌声！"于是笑声大作，掌声如雷。教室里充满快活的氛围。甘舒婷也由最初的羞涩到最后的放松，跟着大家一起欢笑、一起鼓掌。

当然，除了点评文字，我也给孩子们讲了写作的技巧。我特别提到一点，最好的写作状态，就是体现生命的真实。唯有真实的表达，才能打动人。就如我的这篇文章，既给大家带来了欢乐，也让大家学会了写作的谋篇布局，同时也明白了一个道理：写作材料随处可见，就在身边，不用无病呻吟、胡乱编排。

当然，最重要的一点，我跟甘舒婷和好如初。她又像一只活泼的小麻雀在我跟前跳来跳去了。

三、巧用班级议事教会学生应对同学纠纷

上午第二节课课间，我去教室跟孩子们玩，正巧遇见唯唯跟小宏扭打在一起。小宏死死抱住唯唯腰身不放，唯唯丧失理智，疯狂乱打。见此，我，还有附近的几个孩子赶紧将他们分开。两个孩子气呼呼地回到各自的座位，我平静地说道："好吧，两人先熄熄火，等你们都心平气和了，咱们再来处理这件事吧。"说完，我不再搭理他们，而是跟孩子们商量校庆"时空胶囊"的事。所谓的"时空胶囊"，是学校 50 周年校庆的一个环节，即让每个孩子给 10 年后的自己写一封信，然后以班为单位，校庆当天将其全部埋在榕树下，60 周年校庆的时候再取出来。孩子们听闻此事，兴趣盎然，纷纷说这个太有意思、太

吸引人了。于是，所有的孩子都把注意力转移到“时空胶囊”这件事上去，再无人理会两个打架的同学。

事后，我设计了8个小问题，打印出来交给唯唯和小宏，告诉他们如实填写就可以了，算是做个简单的调查吧。有句话说得好：没有调查就没有发言权。小调查如下：

（1）你跟外班同学打过架吗？

（2）你跟本班同学打过架吗？

（3）你跟同龄陌生人打过架吗？

（4）你跟低年级同学打过架吗？

（5）你跟高年级同学打过架吗？

（6）你跟女生打过架吗？

（7）你敢跟本班那些身强力壮的同学打架吗？

（8）请陈述本次打架的起因、经过、结果。

莲韵9班的孩子大多爱静不爱动，所以我教他们三个多月，就只发生了两次打架事件，并且两次的主角都是唯唯跟小宏。上一次两人因为口角产生了点小冲突，我做了模糊处理。因为在我看来，男孩子在成长过程中打点小架简直太正常了。但是这一次，他们的动作有点大，尤其是唯唯，几乎打红了眼，完全不管不顾，挥拳乱打。所以，我不可以再模糊处理了，必须教会他们如何应对同学间的纠纷。

下午上课前，两个孩子都把小调查交了上来。

唯唯的调查信息：没有跟低年级、高年级以及女生打过架，其余都有过，与同班同学打了大概7次。至于是否敢跟班上身强力壮的同学打架，回答是：没试过！其实，就我的观察来看，不是没试过，是压根不敢！因为这些孩子不仅在身体上占尽优势，在性格上也比唯唯强势，聪明的唯唯怎会以卵击石？两次打架，谁是事端的挑起者，唯唯写的是：小宏。

关于打架起因、经过、结果的陈述：小宏丢纸团打我，我警告了他三次，第四次就过去问他想干嘛，实在忍不住了，就与他打了起来。

小宏的调查信息：跟低年级同学打过一次架，跟本班同学打了4次架，其余都没有。至于是否敢跟班上身强力壮的同学打架，回答很直接：不敢！谁是事端的挑起者？小宏回答得比唯唯客观：两人都有。

关于打架起因、经过、结果的陈述：刚开始的时候，我拿纸团扔着和他玩。然后，他打一下我的头，我又打回他，玩完后，我趴在桌子上眯一下，他就走到我的桌子前面打了我一下头。不知他是不是打到我的同桌黄彤了，他和黄彤吵了起来，他吵不过黄彤，于是抓着我的衣服，问我想怎么样，我让他放开，他不放，我就和他打了起来。

我将两份调查材料进行了对比分析，并且利用课间到教室找了相关的同学求证，孰是孰非，孰轻孰重，心中了然。于是，利用自习时间，搞了一场班级议事，旨在教会孩子如何应对同学之间的纠纷。

我说："当同学之间发生了不愉快的事，通常情况下，如何应对呢？请各位讨论，然后提出建议。"

议论声骤起，男女生各执一词。

女生说："跟他讲道理，或者是不理会，再或者是宽容。"

男生说："打一顿，转身就走！"

我说："女生基本主张宽容，男生基本主张反击，赞同宽容的，请说出理由。"

胡晟的手举得最高。他说："如果反击，势必会造成两败俱伤，伤感情伤身体，没必要，所以宽容是最好的选择。"

"那么，赞同反击的，请说出理由。"我说。

这次很多孩子跃跃欲试。

张孔伟表现得最迫切。他说："俗话说，感情是打出来的，所以反击是必须的！"

我马上转过脸问唯唯和小宏："你们两个的感情是不是越来越好了？"

唯唯笑着说："一般。"小宏似笑非笑地说："现在还有些恨他。"

我说："在人际交往中，宽容和反击都需要。可以宽容你这个人，但并不意味着赞同你的行为；可以反击你这个人的行为，但并不意味着一定要仇恨你这个人。我倒觉得一味地宽容会助长某些歪风邪气，所以，该反击的时候绝不手软。那么，我们该如何反击呢？"

一时间大家议论纷纷，主意百出：责骂、诅咒、整蛊、孤立，以牙还牙，痛下杀手，找老师告状……

我笑着说："古人说的'不战而屈人之兵'方为上策，你们这全都是'下三滥'的手段，有辱你们的智商。"

这个时候，向往站了起来，说："凡事要看具体情况及具体的对象，如果是小事情，真没必要计较。但如果是有辱尊严、有伤身体的事，肯定是要反击的。即便是反击也要讲方法，有文的，也有武的。此外，我还要看对方的人品，如果对方的人品没问题，我可能会据理力争，甚至也会动手打一下。但如果对方的人品很差，我除了维权之外，一定要远离这种人，不屑于与他动手。"

向往的回答赢得了热烈的掌声。

我说："向往分析得很有道理。反击并非一定要通过打骂的方式来达成。在成人社会里，如果权益受到了侵害，最好的反击方法就是拿起法律的武器维权。那么，在学生群体之中，如果自身利益受到侵害，也可以拿起班规校纪来维权，可以寻求老师或者是家长的帮助进行自我维权。比如唯唯，小宏多次朝你扔纸团，你在警告无效之下，可以将此事提交到班委或者是我这个班主任这里，请求公开公正地处理，这样做既维护了你的权益，又震慑了小宏。这就是司法维权的思维方式。大家一定要形成这样的思维，今后进入社会，当你的权益受到侵害，你就懂得既惩戒坏人，又要保护自己。"

孩子们均点头表示赞同。

"如果确实无法回避对同伴动武，有没有一些具体方法？"我问。

孩子们竟然跟我说："打就是打咯，还讲什么方法！"

我笑着说："任何事情都有与其匹配的方法，同伴间的打架也是如此，下面老师教你们几招。"

（1）雷声大，雨点小。就是气势要强，拳头轮得很高，但一定要落得很轻，做做样子吓吓人就可以了。

（2）有人拉架趁势下台阶。聪明的人一定懂得适时而退，只要有人劝架拉架，不管怨气有多大，都要赶紧趁势下台阶。

（3）不能打要害部位。实在要打，打背部，不要打头，头是司令部，端了人家老窝，人家会放过你吗？也可以打一下手臂以及大腿，万不可踢屁股和腹部。

（4）两个人的斗争，不要殃及其他人。两个人的矛盾就是两个人的矛盾，不可以让其他力量掺和进来，也不可以因此损害集体的利益与荣誉。

（5）停手即解气，不可再生事端。架打完了，气也出完了，事情就到此为止，不必因此再生出其他事端，造成二次乃至三次伤害。

总之一句话，事情发生了，解决是王道。大事化小，小事化了，是最机智、最智慧的做法！

最后我说："男人，既然有血性打架，那就把这种血性体现在更积极的方面！"

课后，我问唯唯跟小宏："对我的处理方式是否满意？"两个孩子都说很满意。我最后还提了一个问题："这节课学到了什么？"两个小孩将我前面所说的做了比较完整的陈述。我笑着说："学习效果还不错，关键是要落实到行动上。"

很多老师在处理班上的突发事件时，往往是责备多、理解少，评价多、指导少。对于已经发生、板上钉钉的既定事实，指责、说教只能算是马后炮。它所产生的结果，要么让学生感到愧疚、悔恨，但再遇到此类事情仍然不知道如何处理；要么让学生心生不满、不服，事后问题依旧，甚至变本加厉。对于既定事实，我个人觉得，秉承"大事化小，小事化了"的原则，教会孩子理性地处理人际纠纷，预防不良事件再次发生才是上上之策。

第五辑

通过教育写作育人达己

写作会影响教师的本职工作吗？

有位朋友给我留言：如果时间都用来写作，怎么搞好本职工作呢？

问题就来了：写作究竟会不会影响本职工作呢？

我想应该因人而异。还有要看你从事的是什么工作，写的都是些什么内容，用什么时间去写作，写作时间一般多久。

就我个人的写作经历来说，写作不仅促进了我的工作，还让我的人生发生了蜕变。

先做一个客观总结：写作让我头脑清醒；写作让我变得越来越专业；写作优化了我的育人观；写作让我变得更自信，对自己的工作更有掌控感；写作让我活得通透、豁达；写作让我学会处理家庭里的复杂关系；写作改变了我的命运……总之，写作让我蜕变，活成了想要的样子。

也就是说，写作从来就没影响到我的本职工作，如果真的要说影响的话，那一定是积极的、正面的影响。

那么，我是怎么做到的呢？

一、写作内容的确定

我所写的内容均与教育教学有关，与我的本职工作息息相关。我做的、想的、写的，都是本职工作。也就是说，我的工作是搞教育，我的爱好也是搞教育。如果别人用 8 小时搞教育，我可能就用 14 个小时搞教育，你说这是正面影响，还是负面影响呢？

比如，我在课堂上做了某件事，有时产生了奇效，有时毫无效果，有时甚至还有副作用，那我就要把这件事写出来。有奇效的，供同行参考；无效的，反思自己，避免再犯；有副作用的，引起同行重视，以免重蹈覆辙。

《教师博览》主编方心田说，写作是思想的裸奔（这句话的原创是不是方心田老师我不确定，也不知道谁才是第一个提出这个观点的人，但我是在方心田老师讲课时听他讲的）。既然我选择“裸奔”，那该以什么形式去裸奔，内容就非常重要了。

一旦确定写作内容，我就特别注重自己的言行与做法，不然裸奔出来岂不吓到别人？这对自己的成长有很大的促进作用：只有做得精彩，才能写得精彩！换句话说，裸奔得才漂亮！

二、写作时间的安排

很多人问过我同一个问题：你哪里来的时间写作呢？对啊，每个人每天都只有 24 小时，都有那么多琐事要做，哪来的时间呢？我不教学吗？不改作业吗？不找学生谈心吗？不完成学校下达的各种琐碎事务吗？ NO！你有多少琐事，我就有多少琐事，甚至更多。我承担两个初三班的语文教学，还当着一个班的班主任，还有省级工作室的各种琐事。我的时间比任何人都紧张，但我活得游刃有余，为什么呢？

上班时间，我一门心思把手头的本职工作做好，不闲聊，不发呆，不磨叽，一大早将一天要做的事情罗列出来，做一件打一个勾，快速高效，特别有成就感，整个人特别有活力。

下班时间，我就读书、写作。注意，我所有的写作都是在下班时间或者周末、寒暑假完成的。当年轻人下班遛娃、辅导孩子写作业时，我在写作（这没可比性，年轻妈妈都得有这个经历，我运气比较好，自我开始写作，孩子就不要我操心了）。当别人在体育锻炼这条路上挥汗如雨时，我在写作；当别人逛街购物、看电影时，我在写作；当别人沉迷于宫廷剧、言情剧、仙侠剧时，我在写作。总之，我把所有的碎片时间都拿来写作了。

我用这些碎片时间一边写作，一边思考，待上班时，就有更好的理念帮助学生成长。

三、使用最方便、最省时的写作工具

没有电脑前，我都用笔来写作，耗时长，效率低，也容易放弃。后来有电脑了，写作确实快了很多，但我只能在晚上把所有事情做完后才能坐在电脑前梳理一天的工作，然后再写下来，经常写到晚上 12 点，有时还要写到凌晨 1 点。随后有了手机，我就可以利用白天的碎片时间写好提纲，晚上写起来就快多了。我坐飞机时绝不是闭目养神，而是用笔把我的所做所想写到笔记本上，下飞机有网络后通过“讯飞语记”转化成文字，稍作整理就是一篇文章。现在我又用简书，有碎片时间就写点文字，有事情就去忙事情，充分利用时间，完全不影响工作。相反，由于时间被充分利用，每天都没有觉得日子白过，反而觉得特别充实。我最近还使用了一款叫“逸记”的 App，为孩子们和自己写图文并茂的日记，也是写得乐此不疲。我打算明年孩子们毕业时送他们一份礼物，感动到他们热泪盈眶。

我也把日常看到的、听到的、经历的，并且与我关系密切的人和事记下来，给自己留个纪念，也给我的儿孙们留个念想。

四、根据具体情况做出合理安排

对于很多人来说，写作是一件特别费时费力的事。对于我，则是一件很快速又很快乐的事。归纳起来，原因有四:（1）我从小就爱好写作，读书时还立志当作家，有思想基础打底，容易坚持。（2）我是语文教师，长期跟文字打交道，对文字的敏感度比较高，也很喜欢表达，不论是语言还是文字，都渴望输出，有专业基础打底，写作难度降低。（3）我坚持练笔十几年，从未间断过，不论是打字，还是组织文字的速度，抑或是思考问题的速度，都比常人快，占用时间不会太多。（4）我知道自己想要什么，目标很明确，也很单纯，目标感特别强，再加上执行力也很强，就很容易达到预期。这样下来，我就形成了成长的良性循环：精彩地做—认真地写—不倦地读—创新地做—找到成就感。

我真诚地建议年轻老师有空都写一写自己的工作或者生活。当你向外输出时，你就会发现，逼着自己写作，其实在逼着自己进步。初写者目标不必定得过高，500 ～ 1000 字即可。不必太在意写作的方法和技巧，怎么说，怎么想，怎么做，原生态呈现即可。写顺手了就可以针对自己所说、所想、所做进行反思。写出感觉了，就可以进行专题写作，再坚持写，书就出来了，个人的声音就发出来了，影响力也就出来了，专业意识也越来越与时俱进，本职工作做得风生水起，掌控自如。当一个人能掌控自己的工作和生活时，心中的颓败感就会消失，职业倦怠感也会离你而去。

专业写作让我的教育回归理性

教第一届学生时，我的脾气很急躁，但凡不守纪、不勤学的孩子，必责之，偶尔还会动手打人。这届学生后来有三个成了我的同行，其中一个还成了我的同事。一天，我看见成为我同事的学生正在抽打一个孩子，看他打得狠，于心不忍，劝说道："不要打了吧，打学生除了招致学生怨恨外，几乎没有效果。"我那学生闻言，不冷不热地说："老师，当初您也这样打过我们哦。"

我的脸霎时发烫，言语虽短，却撕裂了我的脸皮。这句话就像铁锤一样捶打着我的心，让我一刻也不得安宁。我觉得自己就像一个罪人，不仅伤害了学生，更误导了学生。现在，我的学生不正接过我手中的鞭子，抽打着他的学生吗？

我心里越想越害怕，害怕有一天，我的学生会把拳头伸向我，更害怕我的错误会导致一个又一个轮回。

我不停地扪心自问、反躬自省，终于明白，我之前错了，必须觉醒，必须改变，必须成长。这是我作为一个教师的天职。

一个教师没有醒来，或许一切都是茫然、麻木的，他不知道自己需要什么，也不知道该给学生什么，更不知道前方的路怎么走。他就像一个盲流，走到哪里黑，就在哪里歇；或者像一个懒汉，到哪个坡，才唱哪首歌，一切都没有计划，没有目标。

这样的教师多么可怕，一辈子庸常无度，而且还害人无数。于是，我开始反思，每天不论多晚，都会在睡前问问自己：这一天，究竟做对了哪些事，又做错了哪些事。开始，我只是很简单地自问自答、自说自话，慢慢地，开始与自己进行心灵对话，把自己推翻，然后重新定论。但这毕竟只是心灵的反思，没有文字的激荡，反思难免流于形式，效果也不甚理想。

2006 年，一个偶然的机会，我进入了"班主任之友教育论坛"，看到了许多鲜活的教育案例。我当时很惊讶，教育类文章可以用这样优美、洒脱的文字来表述啊？我不是每天都在过着精彩绝伦的教育生活吗？我不是有一定的文字功底吗？我为何不拿起笔来写下自己精彩的教育人生呢？

于是，教书之余，读书、写作填充了我的业余时间。通过读书，我的眼界开阔了，思维模式也开始发生变化。之后，再把自己读书的思考联系到工作中，进行写作与反思。慢慢地，我发现自己变了，说话不再尖锐，思考问题不再偏执，做事不再冲动。学生之间出了问题，我不再像以前一样大光其火，而是劝自己冷静，心平气和地坐下来，还原事情的真相。一边写一边反思，才发现事情并非我想象得那么糟糕，很多事情根本不用发火就能解决，甚至很多事情学生根本就没错，只是教师与学生的观点发生了冲突。

多年的教育写作，让我的教育回归理性。

一、思维模式变得理性

曾经，我以为爱可以创造一切奇迹。我高举爱的旗帜，对学生进行全天的跟踪与监督。学生不满，我不在意，只认为是孩子小不懂事，总有一天他们会明白我的良苦用心。哪怕累得病倒了，我也毫无怨言，反而暗自思忖自己的行为一定可以感动学生。可是学生却撇嘴说：她是真的对我们好吗？还不是为了她的名和利！为这话，我气得心绞痛。天地良心，我是真的爱他们啊！

曾经，我以为教育是一件很简单的事情。坚持反思写作之后才知道，教育是一门复杂的科学，甚至比自然科学更复杂，因为面对的是多变的人性。所以，教育是“慢的艺术”，不是一蹴而就的事情，失败了也不要灰心，而是继续前进。看着学生，也不再烦恼，而是觉得与青春做伴，是一件幸福的事情。

从此，我看学生、看教育、看问题，思维模式变得理性，教育行为也变得更加稳重而妥当。

二、教育语言变得理性

过去，我以为教育无所不能，对“没有教不好的学生，只有不会教的老师”深信不疑。每天，我对学生要么是不厌其烦地“动之以情，晓之以理”，要么是恨铁不成钢地“爱之深，责之切”，苦口婆心，费尽心血，得来的却是学生毫不领情的“废话连篇”。

以前，我喜欢抱怨，总是埋怨学生这不行那不行，牢骚满腹，结果恶性循环，学生真的就不行。当然，老师也不行了。因为教育一群不行的学生，谁还认为老师行呢？

专业写作之后，我才开始发现那样的评价是最损人不利己的，且最没有教育水平。后来，我在学生面前坚决不说他们不行，而是理性地说明他们有哪些长处、哪些短处，如何发扬长处、补上短处。这样说，学生就好接受了，他们既雀跃于自己的长处，也欣然接受自己的短处。

三、教育行为变得理性

原来，总以为师道尊严，老师就是发号施令的角色。学生做清洁，老师只是站在一旁，只管发指令就好了。通过写作反思，我才发现，亲自参与劳动是一件多么美好的事情，这可是与学生沟通、构建和谐师生关系的最佳时机。

专业写作促使我在实践中反思，在反思中提升。不管是教育眼光还是思维模式，抑或教育观点，都没了以前那种或左或右的极端。正是因为能够辩证地看人看事，教育行为也变得理性。一旦教育行为回归理性，很多问题竟然迎刃而解了。

记得班上有位学生与外班学生打架，他哭着来告状，胳膊上还“挂彩”了。要以我以前的脾气和对教育的认识，一定会帮学生出气，找到那位打人的学生，骂得他狗血淋头。可是，现在我不再动怒，而是冷静下来，在学生中展开了详细的调查，弄清事情的始末，客观公正地划分了当事人的责任。双方对我的处理不但毫无异议，还毕恭毕敬、俯首帖耳。

叶澜教授讲过：一个教师写一辈子教案不一定成为名师；如果坚持写三年的反思，有可能成为名师。我不企求成为名师，但感谢案例写作帮我找回了教育的理性，让我觉得教育是一件美好的事情，在琐碎的教育生涯中找到职业的幸福感。

写作助我实现人生的蜕变

1991 年，我参加工作，因为主观上不想当老师，客观上也没有当老师的能力，于是做了一年废柴。

1992 年，我调到另一所学校，主观上接受当老师的事实，但客观上没有努力提升做老师的能力。那一年，我还是个废柴。

1993 年，我调到丈夫所在的学校，不论是主观还是客观上，都想当一个好老师。但我不知道如何当一个好老师，于是凭着蛮干、苦干、硬干，耗时间、体力、心血，帮学生考出了比较好看的分数。学生、家长、同事和领导都认为我是个好老师，但自己知道，我不过是个应试教育的工具，还不配为人师。那个阶段的学生要说我是他们的恩师，我觉得很打脸。

1997 年，我调到一所镇级初中。那一年，我做了母亲，心也安定下来，彻底接受了教师这个职业，特别想做一名好老师。我对好老师的理解就是：要像盯犯人一样盯着学生，绝不可以让他们行差踏错，然后死抓他们的成绩！只要学生成绩好，班上多几个优秀生，便是好老师。

认知决定行为。为了做一名我所理解的好老师，我每天起早贪黑，天天抓着学生死磕考试题目，每天与学生做的是试卷，说的是考题。应试教育简单粗暴在哪里？只要你愿意把所有的时间拿去死磕，必然会出成绩。但这个成绩是以牺牲学生的快乐、能力提升、创造力培养为代价的。我培养出来的是厉害的考试机器，并非真正意义上的人。彼时，官方对我评价很高，但民间评价很低。真正发自内心喜欢我的学生很少，他们都觉得我要求苛刻，行事狠辣，努力教他们知识也不过是为了提升自己的业绩。

2002 年，我带了一届特别优秀的学生。他们个个都写得一手好字，学习都非常用功。这要归功于小学老师给他们打的底子好。既然学生底子好，我就不像以前那样见面必谈学习，而是跟他们谈如何做人、如何行事，教他们生活的智慧。后来，我突然发现，做的事比以前多，但心情比以前轻松，开始感受到这个职业带给我的快乐。但我并未理解到教育的真谛，因为我一直没有了解教育的真相。

我怎么能了解到教育的真相呢？我既不愿意读书，又不愿意写作，见识无法增长，思考力也不能提升。我要走到何时才能了解教育的真相？

2005 年，我从教以来带得最轻松的班级参加中考，考出前所未有的优秀成绩，我也因此评上中学副高职称。但我仍然不明白自己需要什么。我以为我的教育后半生就是在这所乡镇学校，带着一群乡村娃子，平平淡淡就是真。工作之余，逛逛学校后面的乡村公路，侍弄一下我的小菜园，然后去跳跳广场舞。

但我不想要这种混吃等死的生活，我才 34 岁，怎么可以这样浪费生命呢？可是，我该如何突围呢？外面的高手请不进来，我又没有能力走出去。

正在我突破无门、左右为难之际，我读到了《班主任兵法》这本书，作者是万玮。读完此书，顿觉眼前一亮，我仿佛看到了前行的方向。当了十多年的糊涂教师，皆是因为不读书又不写作。从此以后，除了干好本职工作，我要一心读书和写作，从阅读和写作中找到想要的答案。

2005 年 9 月，我按照万玮老师书中提供的信息找到“K12 教育论坛”，还找到万玮老师的帖子。但我不敢动笔写，心中充满对写作的恐惧。在“K12 教育论坛”潜了一阵子水，又找到了“班主任之友教育论坛”，又在上面潜了几个月水后，终于按捺不住那颗跃跃欲试的心，开始在论坛上注册安家。先看别人写，看了一阵子，我就心痒痒，与其看别人写，还不如自己写。再说我做得不比别人差，写得说不定还比别人好呢。

于是，我以“招招都是情，情到深处即无招”为主题，开帖写作。这一写就一发不可收拾，至今坚持了 15 年，光是专著就出版了 13 部，在正式刊物上发表文章 200 多篇。

那么，这 15 年的教育写作让我的人生有了哪些蜕变呢？

一、人生的一切变故都有勇气和能力应对

没有写作前，我很强势，但那是外强中干。生活和工作顺遂，我确实很阳光、很快乐，但一遇到不如意之事，就会心烦意乱，寝食难安。写作之后，我的心态就从容很多，因为我从写作中找到了勇气，逼近了真相，知道自己想要什么，不想要什么，也知道自己能做成什么，做不成什么。当前方的路越来越清晰时，我心中就笃定了，胆子也肥了，底气也足了。

二、写作让我找到了“风水宝地”

虽然我是四川人，但却活成了一个四川的另类。四川是个慢文化熏染的地方，大多数人活得懒洋洋的，但我偏偏就是风一样的女子。我喜欢快速敏捷地做事情，特别讨厌拖拉。不论是说话、做事，甚至连吃饭，我的速度都比别人快。我又不会打麻将，不喜欢逛街，不善喝酒……总之，我身边的人喜欢且擅长的，于我都是痛苦的煎熬。我除了织织毛衣、扎扎鞋垫，剩余时间就无事可做了。我忍受不了无所事事、要死不活的生活，更忍受不了每天吃吃喝喝的生活，要把我的生命变成奔跑的姿态。

那么，哪里可以供我奔跑呢？深圳。于是，我凭借两本著作和一堂精彩的课从一个乡镇中学来到了深圳。从此，我呼吸着深圳的空气，用深圳速度奔跑，畅快极了！我也终于搞明白心中最想要的是什么。于是，我对自己进行了精准的定位——教学、带班、写书、讲学，尽自己平生之力去做一个引领者和唤醒者。实话实说，做自己喜欢的事，再忙都不累。

三、教育写作重塑了我的解释方式

没有写作之前，我是一个感性多于理性的人，凡事都爱钻牛角尖，并且还觉得自己非常正确。写作过程中，由于要对所写事件进行分析和反思，我才发现所有的事情都有很多种解释。如果我们要活出美丽人生，就要选择积极的解

释方式，这样才能看到希望和未来，活着才有动力，才会无所畏惧。因为有了积极的解释方式，童年时受到的伤害，积存在心里的怨恨，均冰消瓦解。当心中无怨，就宽阔、敞亮了。

四、教育写作让我成了家庭的榜样

我的儿子因为一直看着我从写作中汲取力量，看到了我的生命状态越来越好，他也因此变得上进。我的亲侄女，更是以我这个姑妈为榜样，即使学得异常艰难，也在咬牙坚持。何先生，以前喜欢抱怨生活的不公，受我写作影响，现在是一个非常温和、乐观的人。包括我固执的父亲，都因为我的努力成长而变得愿意接受新事物了。

曾经有人看不起我是一位农村女教师，说我人心不足蛇吞象，但我通过读书和写作，持续不断地汲取力量，然后让思想裸奔，最终还是吞了象，虽小，毕竟还是象。我想，以持续不断的奔跑状态，我可能还会吞一头比较大的象，毕竟我心不足嘛！

班级教育叙事写作育人达己

《班主任之友》杂志前副主编熊华生博士曾在很多公开场合评价我是“中国最优秀的班级教育叙事者”。“最”字不敢当，我有自知之明，知道那是熊博士厚爱我，鼓励我坚持初衷，把班级教育叙事的写作进行到底。

我之所以能坚持写班级教育叙事，是因为班级教育叙事不仅育人，还能达己。我不喜欢别人把我比作蜡烛，燃烧自己，照亮别人。我可以照亮别人，但凭什么要毁掉自己呢？我要做长明灯，既要照亮别人，也要照亮自己。作为教师，我们在助力学生成长的同时，自身也要得到成长，师生之间是彼此成全，而非单方面的，尤其是牺牲教师成全学生的行为不可取！那么，我是如何通过班级教育叙事达到既育人又达己的目的的？

一、班级教育叙事改变了一个孩子的命运

一个学生主观上不爱学习，客观上成绩一塌糊涂，没事就跟同学吵吵架、斗斗殴，老师们一定会说这种学生每班都有，见怪不怪。

大课间，体育老师正在组织全校学生做课间操，一个学生公然上台干扰老师组织学生排队做操，并与老师大打出手，在操场上与老师追着打。这种明明欠揍却还以为是骚操作的学生，老师们见过多少？估计有些老师教到退休，也没遇到过这么出格的学生。

每天带着长刀、短刀进学校，长刀绑腿上，短刀藏包里，下课就拿出刀来吓唬同学，这样的学生有，但少之又少，估计很多老师只是听说，却不曾见过。在我近 30 年的教书生涯里，虽然见识过这种学生，但也仅限于个位数。

每天妄想着当盗墓贼发家致富，没事就研究《盗墓笔记》和《鬼吹灯》，有空就去坟场转悠，企图找个绝世古墓盗出稀世文物来发横财。这样的学生是

不是只有在电视剧里才能看到？

对于当盗墓贼这事，他可不仅仅满足于空想，还把空想落地了。某个周末，他带了两个同学去他乡坟场，撬开一座刚被考古学家考察了的古墓，文物没有找到，顺手牵羊把死人的骨头带回教室藏到桌洞里，待上晚修时把死人骨头拿出来吓人，女生被他吓得花容失色，老师被他吓得惊叫连连。他很有成就感，得意洋洋，还把死人的牙齿取了下来，在手里来回搓动后送给我当礼物，把我也吓得一口气差点缓不过来。这样的礼物，估计没有老师收到过，但我就中了彩蛋。

不学无术，打架斗殴，持刀吓人，盗取尸骨，这样集万恶于一身的学生，估计很多老师一辈子都遇不到，但是偏偏我就遇到了。这些就忽略不谈了吧，只能说我中了大奖。问题是，他还喜欢班上学习成绩最好、长得最漂亮、性情最温和的女孩，并要求我帮他追到手。喜欢是一种权利，他喜欢或不喜欢哪个女孩，我无法控制，关键是他找到我，要求我帮他追到手，这就很过分了。我怎敢帮这个忙？他的价值观那么扭曲，我要撮合他们，岂不是害了那个女孩？他的价值观究竟有多扭曲，不妨看看：

别人骂我一句，我就打别人一个耳光；别人打我一个耳光，我就砍别人一刀；别人砍我一刀，我就让那个人去死。

老师对他的评价寒心而怨恨：对他最好的教育就是放弃，让老天爷来收拾他！

可是我不愿意放弃。一则，放弃于我所秉持的“不抛弃，不放弃”的教育理念相悖。二则，我怕再出现一个马加爵。马加爵杀人被抓后，我全程跟踪了他被抓捕到判处死刑的过程，阅读了大量关于他为何成为杀人犯的文字。尤其是看到他在临刑前写的一封信，称他在狱中穿的囚服是他一生中穿过的最好的衣服，我的心扭成了一团。当初不论哪个学段的老师，只要愿意走进马加爵的内心去关注并破解他的困境，他断不会走上杀人这条不归路的。可是没有人这么做，他们知道的就是马加爵很贫穷，看到的就是马加爵成绩很优异，其他的都做了睁眼瞎，什么都没看到。

那么，对于这个大家都想放弃，我却不愿放弃的学生，我做了些什么呢？

1. 重建彼此信任的师生关系

我多次走进他的家庭，全方位了解他的成长背景与教育环境。因为了解透彻，所以我懂他内心的痛苦，又因懂得，便更慈悲。我懂得关爱他，令他的感情世界不再荒芜，也因此赢得了他的信任与依赖。杜威说过，想要塑造一个学生的前提，就是他必须对你有所依赖。

2. 帮助他重建“三观”

一个人的行为模式均由他的价值模式决定。他之所以有那些荒腔走板的行为，均是因为他的价值观扭曲。我在赢得他信任的基础上，刻意创造了很多教育契机，把符合社会主流价值观的做法教给他。慢慢地，他的不良行为有所收敛。

3. 教给他应对生活的各种技能

道理再好听，如果不能帮助他应对生活中的各种难题，他仍然举步维艰。于是，我教他如何穿衣搭配，如何与同学交往，如何恰当地表达诉求，如何提升成绩……当一个人能解决生活中的基本问题，他对生活就有了掌控感，自我成就感也就滋生出来了。

4. 利用期待效应助力其成长

我还对这个孩子说：如果你能按照我说的改造自己，我一定会送你一份礼物。这份礼物一万个教师中也未必有一个老师送得出。那么，这份礼物是什么呢？我承诺他，会把他自我改造的点点滴滴写成一本书，专为他一个人写的一本书。这当然是一份大得令人不敢相信的礼物。可能是这份大礼实在太吸引人了，为了能得到这本书，他虽然几度想要放弃成长，但最终都咬牙坚持了过来。

那么，书有没有写出来呢？当然写出来了，专门为他一个人写的书。这本书还被评为“影响教师的 100 本书”。我的教育理念，我的所有做法，都在这本书里。走进去，你看到的将是一个丰富的、充满温情与希望的世界。

那么，这个孩子有没有改变？有，并且是翻天覆地的变化。这个孩子初中毕业后，到南充参军做了一名武警战士。他去部队前10天，我专门为他写的那本书寄到他的手中。他说，他读那本书时，读一次号啕大哭一次，书中的每个细节他都能背下来，眼泪哭干了，心里所有的疾病也就好了。

（特别说明：这个孩子的真名叫许海林，在《孩子，这不是你的错》一书里，他的名字叫卓新民，意为做新民，天天都做新民。他说，其实书里用他的真名更好，没什么好遮掩的，他当初就是奇葩，但现在，他变好了，获得新生，敢于面对自己的过往！）

二、班级教育叙事改变了一个班级的生命姿态

2015年6月，我带了三年的学生要毕业了。学校要求我留任新初三，带一个被大家视为没有希望的班级。这个班级有多差呢？成绩年级倒数第一！更为夸张的是，据说两年时间都没有得过学校“文明班”的奖项，甚至连运动会都没得到过一张奖状。班主任已经被气跑了3位，我接手了就是第4位班主任。一个班级衰到这种程度还真是少见。

为了带好这个班，我在暑假就做了充分的准备：一是为这个班打造了与时俱进的成长愿景——一个让老师和同学都充满阳光的班级。二是对学生进行了全方位的分析和了解。三是精心准备了一篇言辞恳切、情感激昂、极具鼓动性的演讲稿。我要利用心理学里的“首因效应”一举成功俘获全体学生的心，以期后续工作的顺利开展。

开学第一天的第一课，我精心打扮，把自己搞得前所未有的精致。我激情满满，扯开自己那虽然沙哑但高亢、洪亮的喉咙，激情四射地发表演讲。哪知道，我的演讲就如泥牛入海，连个小泡泡都没冒一个。我感觉我就像走进古墓派一样，看到的是一群“活死人”。不论我讲得多么热烈，底下的人都没有回应——没有颔首微笑，没有赞许认同，甚至连不屑一顾的表情都没看到。他们的眼里没有一丝光亮，完全处于死机状态。这样死寂的班级氛围，让我的演讲根本没法继续。我索然无趣，只得停下舌绽莲花般的演讲，无奈地看着这群“休克鱼”，真的好想骂人，但又不知道骂谁才能解气。

我找校长吐槽，校长故作忧伤地看了我一眼，默默地叹了口气，不紧不慢

地说："我有什么办法呢？一个没有希望的班级，只能交给一个有希望的老师呀。"听到校长这种极具领导力的话，我还能说什么，只能硬核接招了。

我又找级长表达我的不满。级长说："完成 1 个硬指标（400 分以上），你就光荣了，该班朱雅婷，每次考试都能进到年级前 20 名，你把她抓住，你的任务很轻松就完成了。不过，你好歹也是位优秀班主任，我给你 2 个希望指标，明年中考能带出 3 个 400 分以上的学生。"级长的安慰和鼓励也让我无话可说，倒觉得自己是个受了委屈的小媳妇，很没见地与格局。

我在两位领导那里铩羽而归，暗自沉思：既然已经来到"古墓派"，就只能做古墓派的门主了，把它激活且发扬光大。不然，我将成为光明中学的笑柄，走出去讲课，也被别人嘲讽徒有虚名。但如果我去做了，并且做出了成果，别人若是嘲讽我，我只需淡淡说一句："欢迎你到光明中学来明察暗访！"

既然校长说我是个有希望的老师，那我就必须给学生带去希望。我是如何带给学生希望并把他们激活的呢？

1. 先接受学生当下的样子

两年时间，这帮学生都处于失败的境地，内心自卑，自我否定，妄自菲薄，纯属正常，责怪他们于事无补。我只有先接受他们当下这个样子，积极认真地发现他们的亮点，才是正确的心态。正是因为他们是一块未经雕琢的璞玉，我施展的空间才更大，后期的作为才更明显。这群孩子，不是来折磨我的，而是成全我的。这一点，我坚信无疑。

2. 找到孩子应该有的样子

学生成绩一时间很难提升，要在成绩这块帮助学生找到自信显然急不得。但是提升学生的自信心又等不得，我该从哪些方面入手呢？恰好校历提示开学第三周，初三年级要开展跳绳比赛，要求每个班都参与。这可是一个帮助学生扬眉吐气的好契机，我得牢牢抓住。于是，我大张旗鼓地组建了跳绳队，悉心指导他们提升跳绳技艺。暗地里，我去跟级长说好话，请她在不违反原则的情况下偏袒我的班级，帮学生树立自信心。我也去跟实力超强班级的班主任求情，请他们放我们一马，把取胜的机会让给我的学生，让这帮孩子能够抬头挺胸、信心满满地在校园里进出。

我带着学生刻苦训练，加上领导刻意偏袒，对手有意谦让，比赛结果出来，我的学生竟然拿到了一等奖。他们开心得不得了，说两年都与获奖无缘，我一带他们，他们就能量大爆发，拿到了大奖。我笑着说，那是你们特意等着我来才爆发了能量，让我捡了个便宜。整个比赛过程中，我发现孩子们拼了命地跳绳，那股拼劲，那种求胜的强烈欲望，让我看到了希望。其实，孩子们并非甘愿做咸鱼，而是没有找到激活自己的密码。他们的动力源本就存在，只是没有挖掘出来而已，而我就要做那个挖掘者，把孩子们的亮点、能量点统统挖掘出来。

3. 打造班级鸡血文化

当学生开始有了苏醒的意愿，老师就要创设各种情境，按下学生的生命按钮。我选用王俊雄的书香音乐作为背景音乐，每周制作一张PPT，上面的文字都很励志（在我看来就是没用的鸡汤，鸡汤对我没有用，但对于“死机”状态的孩子还是非常有用的），比如:“最重要的积极心态就是决心，是‘决心’在改变你的命运，而不是环境”“对于达到自己预期的目标要有强烈的成功意图，而不仅仅是计划和希望”“被动只会将命运交给别人安排，只有主动出击，机遇才把握在自己手中”……

每天中午，我在教室里伴着音乐给学生大声朗读这些鸡汤文字，然后让学生照着阅读，并且是声若洪钟地读，读出感情，读出气势。读完，我气势如虹地问他们:“有没有信心把自己变得更好？”学生回答:“有。”我不满意他们的有气无力，提高声音再追问:“有没有？大声说出来！”学生的声音提高八度，答道:“有！”“再大声一些，再大声一些。”我拍着桌子，近乎吼叫。直到孩子们声嘶力竭地吼道:“有！必须有！”我才算放过他们。

这种方法在有些人看来很幼稚，我自己也觉得很幼稚，感觉自己像在搞传销。但是，面对一群心中没有希望、眼睛里没有光亮的孩子，讲道理有用吗？教给他们科学的方法可行吗？不唤醒他们，不激活他们，做什么都是事倍功半，甚至是无功而返。

果然，孩子们在我的猛烈呼唤下，逐渐苏醒。他们开始思考自己是谁，想要什么，如何才能得到想要的东西。他们不再被动，也不再妄自菲薄，他们的潜力开始迸发。他们开始跟我讨论学习、讨论未来，有些孩子竟然为自己制定了目标。虽然我们无法叫醒装睡的人，但可以叫醒沉睡的人。

4. 承诺给学生写书，进行全方位突破

我对学生说，自己只教他们一年，确实无法给到教三年的学生那么多东西，但可以做一个补偿，那就是为他们写一本书。他们就是书里的主角，这一年他们跟着我，所说所做以及所产生的效果，都是我的写作素材。做得好的，我大写特写；做得不好的，我也大写特写。我实话实说，你做得好，进步快，你的子孙后代看到你的故事，都要给你点赞，你该多有面子啊！做得不好的，甚至还干过坏事的，我也如实写出来，你今后在儿孙面前丢脸可是你自己的事啊！孩子们听说我要专门为他们写一本书，异常兴奋，每天都非常努力，问我是否把他们的进步写到书里去。干了坏事的，也及时反思改正，还私下请求我，不要把他们写得太差。

经过一年的努力，这帮孩子的生命姿态发生天翻地覆的改变。以前说到学习就要无赖，之后一说起学习就像打了鸡血一样斗志昂扬。2016 年中考，班级成绩由年级倒数第一上升为年级第四。400 分以上的学生竟然有 8 个，要知道，当初级长跟我说，带出 3 个 400 分以上的学生，我在学校走路都能撩倒人，现在带出 8 个 400 分以上的学生，我走路是不是要狂风大作、飞沙走石了！

学生成绩的大幅度提升于我来说真不算什么，这不是我的主要追求。真正让我感到欣慰的是，这帮孩子从以前的“死鱼眼”变成“电光眼”，从古墓派的“活死人”变成积极派的“上进者”。他们变得自信、热情、大胆，愿意寻找最好的自己。

我承诺专门给他们写一本书，写出来了没有呢？我为师近 30 年，之所以在学生那里诚信度极高，就是因为我许诺的事一定能兑现。提醒大家，不要随便许诺，许诺之前一定要评估自己能否兑现。能兑现，开口就是诺言，让学生有所期待；不能兑现，闭紧嘴巴，免得遭学生诟病。

（特别说明：这个被大家视为没有希望的班级叫莲韵 9 班，还是我带着大

家取的班名呢。虽然只带了他们一年，我却是倾心以待。不管他们曾经怎样，遇见就是美好！我令他们变得美好，他们也让我变得美好！师生之间，是彼此生命的成全！）

三、班级教育叙事改变了我的精神长相

我想请读者看几张图片，图上的人都是我，看看前后有什么变化。

这是 2010 年，我还是一个农村女教师时拍的杂志封面。大家仔细观察这张图，是不是淳朴之中略带土气？一看就知道我是个土妞。

下面是 2013 年我上的一个杂志封面，那时我已经到了深圳。眼界和格局乃至思维方式都发生了很大变化。那装扮，还有那姿势，确实自信、神气多了，与以前不可同日而语！

大家看这张封面照片，是不是很惊艳？时光于我，好像停滞了，我长成了冻龄女神。虽然修图师为我做了些修饰，但不失真，我真人稍作打扮就是这副样子。虽然我老了，老到快到知天命的年龄，但我的心态很年轻，我就是一个红衣中年少女。我非常喜欢现在的样子，不仅仅是外在形象，更重要的是内在格局。没有哪一个时段，能像我现在这样无忧无惧、随喜通透。

2008年8月，我想要过一种未曾有过的教育生活，却又不知道如何改变，唯一能做的就是离开那锅温开水。于是，我把自己放逐到海南。

这张照片于我而言很有意义。这是我带着儿子去海南，在琼州海峡的渡轮上（晚上），儿子为我拍的一张照片。虽然眼镜遮挡了我的眼神，但我知道自己当时的心境很迷茫，因为我不知道前方是什么，也不知道我的未来会怎样。我说是去逐梦，可不知道我的梦是什么。我的表情看起来很淡定，是因为我已下定决心，不论前方是什么，不论我的未来会怎样，不论我的梦想长什么样子，我都要咬牙向前冲。只有一门心思朝前走，我才能找到更好的自己。

时隔12年，我还迷茫吗？当然不，因为我已经找到了我的朝圣地，我的梦想已经非常清晰，我已经在逐梦的大路上撒开脚丫子奔跑，并且还有很多认识或者不认识的、为我助力的贵人。我活得自信又笃定，曾经苦求的已经找到。我现在要做的，就是照亮他人，为积极追梦的人铺路点灯。

这些年的暑假，我在各地讲学。旅途中，我看风景、看书、追剧、写作，好不开心。没有课讲，我回深圳，陪何先生聊天，买菜做饭，散步看电影，当然，也读读书，写写文章，生活惬意而满足。

我是一个起始学历中师的农村女教师，若不写作，谁知道我呢？顶天了，也就是县城的一位名师，怎么可能成长为广东省名班主任工作室主持人、全国优秀教师呢？

班级教育叙事不仅成为效果奇佳的育人策略，还助我活成自己喜欢的样子，也就是我想要表达的中心：班级教育叙事育人达己！

既然班级教育叙事有如此大的功效，那么，什么是教育叙事呢？

教育叙事，即讲有关教育的故事。它是教育主体叙述教育教学中的真实情境的过程，其实质是一种通过讲述教育故事，体悟教育真谛的研究方法。非为讲故事而讲故事，而是通过教育叙事展开对现象的思索、对问题的研究，是一个将客观的过程、真实的体验、主观的阐释有机融为一体的教育经验的发现和揭示过程。

接下来大家可能想问：你笔耕不辍，十几年如一日地坚持写班级教育叙事，那这个叙事究竟写给谁看呢？

1. 写给自己看，以示警醒

这个世界之所以妄人很多，就是缺乏自知之明。我每天把所做所思写出来供自己阅读，就知道我哪里做对了，哪里做错了，以警醒自己不可犯错，学生不是我的试验品，不能因为自己的无知而耽误了学生的成长。

2. 写给学生看，得到理解

学生做了什么，我说了什么，我背后的动机是什么，我逐一写出来，然后请学生阅读，他们一下子就心明眼亮，秒懂我的良苦用心。我一直坚信，文字是最能抵达人心的东西。我儿子青春期时，我担心他叛逆，所以从不当面指责他，都是给他写信。在信中，我客观陈述他的所作所为，如实表达我的心理感受，最后提出我的请求与希望。结果就是，我儿子青春期时从未与我发生过摩擦，我都没感觉到他的叛逆，他的青春期就结束了。

3. 写给家长看，获取支持

虽然家长经常信誓旦旦地说：老师，我把孩子交给你，请你严加管教，要打要骂随你，我绝不会怪你。但如果老师真要打骂学生，家长定是不依的。虽然我不会打骂学生，但作为老师，肯定会惩戒学生。每当我惩戒了学生，都会写一篇教育叙事：先是生动有趣地描述与当事学生有关的故事，接着分析这个故事所产生的负面影响，再叙述我是如何惩戒当事学生的，对于惩戒类型、惩戒力度、惩戒时的心态，我都会做较为细致的描述。最后，我当然还要从教育理念这个角度反思自己所做究竟是为了什么。当然是为了孩子更好地成长，我才忍着内心的煎熬惩戒他们的。写完我就发给当事学生的家长阅读，通常的套路就是：家长看完对我非常感激，无不认为我是一个负责任的老师。

4. 写给同行看，带动影响

我在小学时就常听老师说，一朵花开不是春，百花满园才是春。做了教师，尤其是人到中年的教师，自然而然就生出一种职业使命感：我一个人成长只能造福我的学生，千千万万的老师成长可以造福广大学生，这可是大功德。有了这种认识后，我很乐意把我的育人理念及育人策略写出来，以带动我的同行成长，尤其是推动年轻教师的成长。达人也达己，是一件多么美好的事啊！

最后，我还想说一说班级教育叙事写作需要注意些什么？

虽然班级教育叙事写作门槛低，但如果完全是个教育写作的门外汉，还是会走很多弯路的。弯路走太多，就很容易放弃。

首先，班级教育叙事写作要具备四个要素：教育思想、教育主题、教育情节、教育反思。这四个要素缺一不可。

其次，有些细节也要分外注意，分别是：字数最好在 2000 ～ 2500 字；注重细节的描写；情节要有起伏；做法一定要独特或者新颖；题目要独特、吸引人；最好能引用一两句教育名家的观点。

再次，搞清楚阅读对象。我们写出来的班级教育叙事的读者一般是自己、学生、家长、同行，因此写出来的文章要具备以下几个特点。

（1）生动形象的描述（画面感）。文笔晦涩难懂，内容无理无趣，谁愿意读呢？唯有生动有趣，读起来轻松愉悦，有画面感，才能吸引人。

（2）条理清楚，脉络清晰（逻辑感）。堆砌词语，杂乱无章，看起来很美，读完一头雾水，这样的文章也不可取。很多语文老师容易写成漫谈式文章，重抒情，轻陈述，多感性，少理性，缺乏逻辑感，读者不明就里，学不到东西，也不愿意读。

（3）表述特别，做法新颖（新鲜感）。对于同行而言，教育经历都很相似，老掉牙的做法对他们来说毫无半点启发。因此，写作者在选材时就要避开那些陈词滥调，把新颖独特的说法或做法表述出来，给读者眼前一亮、心里一震的感觉。

（4）字里行间智慧闪烁（收获感）。读了没用，也是读者弃读的原因之一。成年人的阅读都很功利，问题导向的阅读是主要的学习方式，因此，读了有收获才会继续读下去。

最后，我想要表达的是，写班级教育叙事真的没有大家想象得那么难，这里面肯定有方法可循。我建议大家先写日记、记流水账，还原你的做法，还要融进你的反思，再提升你的观点。慢慢地，高质量的班级教育叙事就写出来了，日积月累，就算是一线教师，出本书也不是什么难事。特别提醒大家：提升班级教育叙事写作能力的不二法门就是不停地写，通过写倒逼自己读和做。

班级教育叙事育人达己，只要你走进这个领域，并孜孜不倦地耕耘，不论在哪里教书，都可以专业地育人，最后做到达己。

我为何活成了别人眼中的锦鲤?

2019 年是我的本命年，也是我的大运年。这一年，我连着获了三个大奖，真可谓荣幸之至。

2019 年 7 月，我喜获“广东省名班主任”荣誉称号。这个奖项含金量蛮高，是由广东省教育厅颁发的。这是对我近 30 年班主任工作的肯定与奖赏。获此荣誉，我当然很是欢喜。

2019 年 9 月，又传来喜讯，我竟然喜提“全国优秀教师”大奖。这个奖项的含金量就特别高了，是由国家教育部颁发的。得此大奖，我很惊喜，但不惊讶。我以为我这近 30 年守住教室所做的一切匹配得起这个荣誉！

本以为好运到此结束。2019 年的年尾，我竟然又捧回了“第五届深圳教育改革创新大奖——年度十大教育人物”的奖牌。此奖虽是媒体颁发，含金量不如前两项大奖，但社会影响广泛，对于教育变革的推动能起到很大的推动作用。15 个提名者中，我是唯一一个没有任何行政职务的一线教师，做的都是遵循学生成长规律的小变革，却赢得了所有评委的高度评价。我能够在高手如林中胜出，说实话，表示很惊奇，还有就是喜出望外，但同时又深刻地体会到：扎根一线，守住教室，守住学生，做力所能及的变革，做真教育，才是一个教育者的正确立场。

一年连拿三个大奖，而且级别都很高，这在很多人看来，真的是太幸运了，简直活脱脱一只又肥又大的锦鲤。

是啊，我怎么就活成了一只令人羡慕的锦鲤呢？梳理一番我的前半生，找出我活成锦鲤的缘由，以指导我正确地活好后半生。

一、始终保持真诚育人的初心

从爱上教育行业开始，我就下定决心不仅要帮助学生在选拔系统里胜出，还要不遗余力地培养学生，把应对人生的智慧传授给学生，让他们在未来的社会里能走得更从容、更顺遂。这些年，我去过很多地方，在不同性质的学校任教过，也遭遇过不少质疑，但都竭尽所能地守住我的教室一隅，不曾让学生在精神上遭到不良教育的摧残。毋庸置疑，我的学生步入社会仍然会被一些无法抵御的因素侵害，但我相信他们的抗体要比很多人强。记得杨宗纬唱过一首歌《我变了　我没变》，我时常扪心自问：我变了吗？我当然变了！我的气质比以前优雅知性了，我的心态比以前豁达敞亮了，我的解释风格比以前积极正面了，我的认知水平比以前高多了，我的专业能力比以前强多了，我对教育的理解比以前更深刻了……总之，我喜欢现在变化多端的自己，我这 72 般变化把自己变得更美好了。但是，我又没变！我的品格没有变，我对教育的初心没变！“我做了那么多改变，只是为了我心中不变。”

二、始终保持勤学不倦的上进心

由于起始学历是中师，我一直不满意自己的知识结构。所以，从任职之初的菜鸟到经验丰富的职场老人，我都没有停止过学习的步伐。我喜欢读书，古今中外的文学名著，除了极为生僻的没读外，其余都有所涉猎。虽然现在好像都忘光了，但我坚信书中的营养一定滋养了我的灵魂。我还喜欢读心理学的书籍，中外都有涉猎，尤其喜欢积极心理学。我个人的解释风格也非常积极，因此我的情绪非常稳定，基本不会被负面能量控制。除此之外，我也尝试跨界阅读，跳出教育看教育。这样一来，我的眼界更宽广，格局也更阔大。以前主要是纸质阅读，现在还增加了有声听读，并且购买了很多其他行业精英的课程。不论多忙，我每天都花不少于 1 小时学习。

由于长期保持着学习的状态，我的知识面比较广。在学生看来，我特别渊博，他们就特别佩服我。加上我与时俱进，点子比较多，学生都惊叹我的脑洞特别大。学生对我有此认定，我开展工作时就比较容易，效果也突出。我的自我成就感高，心态阳光，对学生也更理解和包容，师生关系非常融洽、健康。

三、始终保持笔耕不辍的恒心

不论多忙，我都会挤出时间进行教育写作。我并非为了写作而写作，而是想把教育的内部逻辑关系理清楚，为做一个专业的教育者而写作。

从教之初，我只干活，不写作，也不反思，认为每天守住自己的教室，帮助学生从选拔系统里胜出，我就是一个好老师。努力当然是有回报的，不过这个回报令人寒心。因为我一门心思抓成绩，所以我带的学生很能考，每一届学生毕业考试分数都能刷出新高，我因此获得了很高的官方评价。但是，由于我只教给了学生书本知识和应试技巧，那些用以应对人生的智慧都没有教给学生，所以，即便我干得呕心沥血，学生也并不喜欢我。

于是，我开始反思自己的教育理念和教育行为。怎样反思才有深度且有效呢？我选择了教育写作。这一写，我就没有停下来，坚持了十几年。它不仅转变了我的教育理念，还顺带产出十多部教育专著。

现在，我还守住自己的教室努力干活，干法却不一样了。我眼里不仅有分数，更有学生。他们的欢乐与痛苦、努力与颓靡、成功与失败，我都能及时看见并做出反应。

这一切的进步与改变，皆缘于我多年来孜孜不倦地写作。

四、始终保持舍我其谁的决心

这句话看起来貌似很高调、很狂妄，但事实上，我一直怀抱这样的敬畏感和使命感。有一段时间，我既做年级长，又当班主任，还要教两个班的语文课。很多人说，你傻啊，一个人干那么多活，身体不要了吗？孩子不管了吗？老公不陪了吗？

身体很重要，孩子也要管，老公也要陪，但既然学生需要我，我就要挑起这个担子。

2015年9月，我家孩子上高三了，考虑到平时疏于陪伴，所以我很想在这一年留在初一年级。可是学校领导让我接手一个被大家视为“没有希望”的班级，我二话没说就接了，然后回家给儿子道歉，遗憾没有时间陪伴他。哪知儿子对我很是理解与支持，鼓励我说：“我读我的高三，你带你的初三，我们各自把各自的事情干好不就得了。再说，我又不是那种管不住自己的小孩。”我感动于孩子的懂事，也欣慰于自己的临危受命。一年时间，我不仅把这个班的孩子带向希望的彼岸，还为他们写了一本书。书名就叫“教育让希望重生”。既然是没有希望的班级，我这个有希望的人就要赋予他们希望。

我不仅有带班和教学的工作任务，还承担了省级名班主任工作室的主持人工作。工作室里有五六十名学员，我要定期对他们进行专业培训，还要以工作室主持人的身份对周边学校进行辐射。说实话，很忙，很累，并且没有任何报酬。但我甘之如饴，因为享受这份忙碌而充实的工作。

五、始终保持淡定从容的随喜心

几乎每一个见过我的人都会被我的乐观打动。我确实是一个迷之自信、迷之乐观的人。我的乐观是发自内心的，绝不是装给别人看的。为什么我会这么乐观呢？

我觉得这跟我的积极解释风格有很大关系。不论什么问题，放到我这里，除了看到负面能量外，更能找到正面能量。用武志红的话说，就是我能把死能量转化为生能量。比如，我接到的班级在别人看来问题重重，别人替我忧心忡忡，可我却认为提升我专业能力的机会来了。既然那些孩子喜欢制造事故，我就把它们整成故事。因为有这样的心态和认知，我不但不会焦虑，还会从一些小变革中保持随喜心。比如，某天下午，一个女孩冲进办公室向我哭诉，说同桌小玮上课说话打扰她，还嘲笑她成绩差。我听完女孩的哭诉后，平静地问她：“你心理特别难受，是吧？那你打算怎么办呢？”女孩想了想，说：“我想避开他，不跟他一起坐了。”我说：“好，不过，我先要找小玮，为你讨回公道，他向你道歉了，咱才光明正大地换座位，不然显得咱怕他似的。”女孩听后破涕一笑，说了声“好”，就雀跃着转身回教室了。

看着女孩离去的背影，我的随喜心就生出来了：这个小玮，常年没有跟妈妈一起生活，不懂得如何跟女孩相处，我正好借这个契机就“如何讨女孩喜欢”给他支几招。这些男孩，不仅要读书，还要学会跟女孩和谐相处。

解释风格积极，自信乐观，豁达随喜，令我的心态积极阳光，身体也倍儿棒，精力也很旺盛。每天，我的同事和学生看到我，都能感觉得到我的生命动力源在汹涌澎湃。正是有这样的生命状态，我才能心无旁骛地做很多事。

事实上，我也存在很多问题，有些甚至很严重。不过，这一切都不是问题，因为我能及时觉知到自己的问题，并承认它，然后咬着牙，刮鳞一样改正它。无论别人多么对不起我，我都不会沉溺在怨恨中。我有太多有意义的事情需要去做，也太忙了，没有时间去怨恨。我的何先生对我千依百顺，恨不得把天上的月亮摘给我。我的小何同学对我敬爱有加，孝顺体贴。我每天被两个男人宠爱着，还有父母爱我，弟弟一家爱我。我可能缺钱、缺时间，就是不缺爱。一个被爱浸泡的人，哪里有心情去怨恨别人呀？

既然不缺爱，那就努力做点有意思的事吧。毕竟，余生不长，除了找到自己活着的意义外，挣点儿小钱让老年生活更精彩，不给小辈儿添麻烦，才是优秀老人应该做的事。

第六辑

战胜自己才能成为大赢家

年轻班主任如何才能做到快速上手?

绝大多数经验丰富的班主任回顾自己的早期职场，都有一段惨痛的失败经历。之所以有这样的经历，是因为他们年轻的时候做了赵括，只知道纸上谈兵。

刚走上工作岗位的年轻班主任，理论知识不可谓不丰富，激情不可谓不满怀，敬业精神不可谓没有。可是，当他们真正带领一群孩子时，往往就傻眼了，一脸茫然，心里直打鼓：我该怎么办?

一、不做赵括，做李云龙

现在，与班主任有关的理论书籍多得很，你就是不上班，天天读，也读不完。再说，脱离学生纯粹读理论，你最终会变成一个像赵括那样的实战傻子。我的意思是说，理论要读，但要像李云龙同志那样，一边工作一边读书，理论结合实际，有时也可来点“不按常理出牌”，这样才会出成效或者奇效。年轻的班主任可以为自己准备两三本班主任工作实战枕边书，如《新入职班主任专业成长百宝箱》《一个学期打造优秀班集体》《班级管理》。三本书足矣，读懂了，做好了，你再读其他理论著作，几年下来，就把自己修炼成小范围内的名班主任了。

二、知己知彼，百战不殆——你不可不知的人性

自古以来，战场上，双方统帅要做的事就是侦察敌情，这就是所谓的“知己知彼，百战不殆”。你连对方是何方神圣都不知道，云山雾罩，打什么仗?班主任与学生的交流，何尝不是一场你来我往的战争，只是你所用的兵力不再

是血肉之躯，而是智慧与人性而已。

所以，年轻班主任在开展工作时，第一件大事就是了解学生，研究学生，把学生的情况彻底吃透。学生的姓名、年龄、爱好、成绩、学习品质和思想品质，还有交友圈子、前任班主任对他的评价、在家里的表现，乃至学生父母的文化素质、工作情况、教育理念等，都要在学生见到你之前了解得清清楚楚。有些学校可能要在开学时才分班，事先没法做这些工作。这也好办，第一周，学生才来学校，人生地不熟，属于黔之驴阶段，你就是一只病猫，他们也以为是老虎，怕得很。这个时候，班主任的全部精力就要用到了解学生、研究学生上去。“磨刀不误砍柴工”，千万要相信这句话。

“人之初，性本善”，这句话只是告诉我们小孩是多么纯洁可爱。但是，随着孩子年龄的增长，人的本性就会越来越复杂。当你面对大小孩时，就会见识到人性中诸如善恶、美丑、虚伪、纯真、懦弱、刚强、狡诈、实在、热情、冷漠、感恩戴德、忘恩负义等各种只可意会不可言传的元素。所以，有一本书要好好读一读，那就是刘墉的《你不可不知的人性》。

一个不懂得学生心理的班主任，不论多么辛苦，多么有才，多么爱他们，学生都不会喜欢你的。只要学生不喜欢你，你的班主任工作基本上就失败了。

三、找到自己的战场——教室

班主任的战场就是教室。明白了这一点，年轻的班主任就要时刻记住：只要有空，就要到战场转转。因为你不身临其境，不用眼睛来看，不用耳朵来听，不用心来体会，要不了多久，就会变成一个昏庸的统帅。

教室是师生活动的主要阵地，年轻的班主任一定要好好利用这块阵地。新学生来之前，把这块地盘好好布置一下，把你的教育理念、一些绝活、对学生的喜爱，变成看得见的教室文化，让学生有一种安全感、归宿感。只要学生把教室当作他们的家，你这个家长才容易被学生接受。

另外，做一个有心的班主任，工作之余，可以把教室里的故事写出来，利用班会课读给学生听，还可以发给家长看。相信这件事绝不会白做，学生和家长一定会更加喜欢你。因为按照人性的标准来衡量，这个世界上没有哪一个正常人会拒绝别人对他的好。

四、踩在巨人的肩膀上成就自己

人年轻，有热情，有干劲，但是往往会因为经验不足而吃败仗。所以，不要小视那些看来毫无朝气的老班主任。他们可能做事谨小慎微，但稳打稳扎；他们可能做事缺乏创新，但做事细心；他们可能不发奇招，但深谙人性；他们可能不受学生追捧，但往往被学生敬服、家长信任。

年轻的班主任，为自己找一位堪称榜样的老班主任，请他做你的师父，虚心地向他学习。我相信，你的年轻和激情，再辅以师父的丰富经验，假以时日，你就会成为班主任中的佼佼者。

这就是所谓的踩在巨人的肩膀上成就自己。

五、为自己准备一个工具箱

年轻班主任因为经验不够丰富，可能会遇到突发事件，加上有很多琐碎的事务性工作，往往会临阵发懵，手脚无措。那么，怎么才能避免此种现象呢？我以为为自己准备一个工具箱比较稳妥。这个工具箱里应该有笔、笔记本、学生资料库、学生家长的联系电话、附近医院的电话号码、保险公司的联系电话以及一些常规感冒药等。当然，根据学校及学生情况，工具箱里还可以装什么，就由你决定了。

六、把急躁的性格炼成平和型

“性格决定命运”，这句话是有道理的。有这样一位年轻班主任，非常敬业，工作做得无话可说，可是她的性格非常急躁，说话咄咄逼人。不论是对同事、家长还是学生，用语都极其犀利。虽然她的班级各项指标都在级段第一，但同事都不想与她合作，家长也不愿意到学校与她交流，学生背地里也非常反感她，甚至还有学生偷偷扎她的车胎。

后来，这位班主任被炒了鱿鱼。她特别想不通，说自己把所有精力都奉献给了学生，把班级带得风生水起，可学生还是忘恩负义，而且最初支持她的家长也不理解她，一边倒地站到学生那边去了。

其实，这位班主任没明白一个道理：她不是工作能力不足，而是性格暴躁。虽然她很敬业、很优秀，但她那急躁且咄咄逼人的性格让人受不了，长期与这样的人打交道，是非常压抑的。

所以，班主任要修炼自己的性格，趋于平和，变成充满亲和力的人。不管你愿不愿意，做了教师，从事的是与人打交道的工作，就得把性格中的毛刺给挑了。否则，在刺向别人的同时，也刺到了自己。

七、准确地给自己的班主任工作定位

你究竟要做一个什么类型的班主任？是警察型的、保姆型的、家长型的、民主型的，还是科学型的……这是每一个年轻班主任都应该问自己的问题。没有给自己的班主任角色定位，工作起来必然是茫然的。没有定位的班主任工作很难说方向是否正确。所以，年轻教师在做班主任之前，一定要根据自己的性格、知识涵养及对班主任工作的热爱程度，做好班主任的角色定位。

我想，以我一路走来的经验，做到上述七项，年轻班主任工作快速上手势在必得。

班主任自我提升的途径有哪些?

学生最佩服什么样的班主任?据我所教过的学生反馈:颜值不高但有趣,年纪不轻但有活力,个头不高但脑洞大,也就是那种知识渊博、灵魂有趣的老师。

灵魂是否有趣,是由个人的性格和修炼的水平决定的,很难复制。但要做到知识渊博,并非难事,只要乐意读书(看电影等也是一种方式)并保持对新生事物的好奇心,不论这个老师原本的底子如何,都能成为一个学识渊博的人,并且赢得学生的敬佩。

那么,处于忙、累、烦中的班主任,怎么才能快速成长,把自己变成学识渊博的老师呢?

有人说,必须花时间读"无用之书",这个观点我赞同,正如陆游所说,"功夫在诗外"。我早先读过许多"无用之书",野史就不说了,连佛学、看手相、测星座等方面的书都有涉猎,简直有些不务正业。

也有人说,要读"功利之书",这也可以理解。工作之后,实在是没有闲暇时间广泛涉猎,读书就必须功利,以解决问题为导向。

因此,我个人建议:学生时代,可以多读一些无用之书;工作之后,那就要功利读书了。怎么个功利法呢?我们可以问自己三个问题:

(1)想提升个人认知水平吗?

(2)想解决实际面临的问题吗?

(3)想花少量的时间读更多的书吗?

针对这三个问题,我做如下回答:

提高认知效率最有效的工具就是"极强的目的性",那就缺什么补什么。

解决问题最快的方式就是读有针对性的书,比如班里女生全面进入青春期,产生了很多问题,那就读几本关于女生青春期的书籍。

时间少，读书多，就要读源头书，那些经过多番解读的作品，早已失去原本的味道，没必要拾人牙慧。

认知心理学认为，成人学习有三个前提要求的时候效率最高，三个要求分别是：目标导向、即时反馈、最近发展区。也就是解决当下问题，学了有地方用，难度适中。只有满足这三个阅读条件，读书才会有用，否则，书读得不少，道理懂得很多，却过不好自己的一生。

弄清了阅读的方向，接下来就要做好阅读资源的配置：

（1）娱乐性的是下坡，越走越舒服，少读悦心，多读变傻。

（2）知识性的是平地，能开动，但是略微费力。

（3）心智提升类的是爬坡，看起来很累，但会提升脑力和理解力，不必贪多，慢慢读就好。

落实到具体的配置，如下：

（1）认知性阅读：教育理论、哲学、美学、心理学等书籍。

（2）知识性阅读：教育技能、管理技巧等书籍。

（3）娱乐性阅读：小说、电影、杂志等。

一、认知性阅读

下面以我个人的阅读抛砖引玉，以求大家共同进步。

1. 班主任类的书

首先，从班主任这个角度来讲，个人觉得以下九本书对我影响颇深——

（1）《班主任兵法》，万玮。

（2）《问题学生诊疗手册》，王晓春。

（3）《非暴力沟通》，卢森堡。

（4）《我的精神家园》，王小波。

（5）《藏在书包里的玫瑰》，孙云晓。

（6）《拯救男孩》，孙云晓、李文道。

（7）《男人是野生动物，女人是筑巢动物》，曾子航。

（8）《拆掉思维里的墙》，古典。

（9）《神雕侠侣》，金庸。

具体有哪些影响，不在此展开。每个人的阅读品位和阅读视角都不一样，只有走进书中，才能看到自己想要的世界。

2. 洞悉人性的书

教师，尤其是班主任，天天跟学生群体打交道，如果连人性都不懂，那就很难开展工作，因此，必须读一些洞悉人性的书籍。我这些年读了以下关于人性的书，收获还不少：

（1）《你不可不知的人性》，刘墉。

（2）《我不是教你诈》，刘墉。

（3）《世道人心》，何友晖。

（4）《低层次需求》，申晓纪。

（5）《中国人的德行》，傅斯年。

（6）《中国人》，林语堂。

（7）《人性的弱点》，戴尔·卡耐基。

（8）《人性的优点》，戴尔·卡耐基。

（9）《人性论》，大卫·休谟。

3. 家教类的书

班主任除了要深刻了解人性外，还要阅读一些家教类书籍。阅读此类书的目的，一是指导自己教育好自己的孩子。教师的孩子，就是教师自身的招牌，如果我们连自己的孩子都没教好，无疑砸了自己的牌子。二是指导家长如何教育他们的孩子。班主任能专业地指导家长教育子女，并且教育之后还有效果，那么家长就会很佩服班主任，家校工作开展起来就非常容易，家长的配合度也比较高。现今的图书市场，家教类书籍很多，可读的书挺多，选择合适的研读几本即可，如：

（1）《好妈妈胜过好老师》，尹建莉。

（2）《最美的教育最简单》，尹建莉。

（3）《好爸爸胜过好老师》，东子。

（4）《孩子，把你的手给我》，吉诺特。

（5）《正面管教》全套7本，简·尼尔森。

（6）《父母改变　孩子改变》，张文质。

（7）《奶蜜盐》，张文质。

4. 哲学类的书

作为班主任，再忙，也要思考人生；再累，也要引导学生思考人生。因此，哲学类书籍必须读几本，如下：

（1）《人生有何意义》，胡适。

（2）《哲学与人生》，傅佩荣。

（3）《人生哲思录》，周国平。

（4）《苏菲的世界》，乔斯坦·贾德。

（5）《存在与虚无》，萨特。

5. 心理学类的书

心理学类的书可选的实在太多，我比较倾向读积极心理学类的书籍，如下：

（1）《自卑与超越》，阿德勒。

（2）《乌合之众》，古斯塔夫·勒庞。

（3）《路西法效应：好人是如何变成恶魔的》，菲利普·津巴多。

（4）《积极心理学》，克里斯托弗·彼得森。

（5）塞利格曼幸福五部曲。

二、知识性阅读

1. 管理类书籍

读管理类书籍是为了更好地进行班级团队建设，高瞻远瞩地培养学生的领导力，助力学生在未来的职场越走越顺。如：

（1）《制度外管人》，项戈。

（2）《第五项修炼》，彼得·圣吉。

（3）《向毛泽东学管理》，李凯城。

（4）宁向东的管理课程。

2. 沟通类书籍

教师和学生之所以产生矛盾，主要是因为沟通不畅，因此，班主任很有必要读一读沟通类书籍，如下：

（1）《说话的魅力》，刘墉。

（2）《非暴力沟通》，卢森堡。

（3）《每天学点幽默》，岳强。

（4）《5分钟打动人心——善用赞美的13种方法》，鞠远华。

3. 其他

由于教师长期生活在校园里，大多数时间与相对单纯的学生相处，思想比其他行业的从业人员要单纯一些，见识也要浅陋一些，因此就会被一些人视为“又傻又天真”的人。所以，为开阔教师的眼界，提升教师的格局，跨界阅读势在必行。罗振宇的“得到”App里有各个行业的精英开课、写书，他们的课程值得听，书也值得读，如下：

（1）《成大事者不纠结》，罗振宇。

（2）《把时间当朋友》，李笑来。

（3）《万万没想到》《高手》，万维钢。

（4）《冬吴相对论》，吴伯凡、梁冬。

（5）《跃迁》，古典。

上述列出来的只是我所听和所看的极少部分，并未包罗万象，更好的东西还有可能未被我发现。我只是伸出我的手指，希望大家能顺着它看到皎洁的月亮，找到心中的白月光。

三、娱乐性阅读

1. 电影

如果不喜欢听音频课，也不喜欢读书，那就看电影。一部好电影带给我们的影响不亚于一部好书。

（1）教育类电影。

《死亡诗社》《放牛班的春天》《音乐之声》《肖申克的救赎》《心灵捕手》《地球上的星星》……这类电影最好是教师自己看，看出电影中的教育理念、教育方法，道、术结合，才能做一个好教师。

（2）迪士尼出品的电影。

《冰雪奇缘》《寻梦环游记》《疯狂动物城》《美女与野兽》《爱丽丝梦游仙境》《魔踪仙境》……这类电影可以与学生一起看，画面非常美，故事情节也很走心，价值观非常正。

（3）宫崎骏的电影。

《风之谷》《天空之城》《龙猫》《魔女宅急便》《红猪》《幽灵公主》《千与千寻》《哈尔的移动城堡》《悬崖上的金鱼姬》《起风了》……宫崎骏的电影品质非常高，特别适合班主任带着小学阶段的孩子看。如果孩子从小就接触高品质的动画电影，其他低劣的动画就难入孩子法眼。

（4）漫威电影。

《钢铁侠》《无敌浩克》《雷神》《美国队长1：复仇者先锋》《复仇者联盟》《美国队长2：冬日战士》《银河护卫队》《蚁人》《奇异博士》《蜘蛛侠：英雄归来》《黑豹》……我个人是个漫威迷，上述电影都看过，确实惊心动魄，观看时很提气。特别适合班主任带着男孩子观看，是培养男孩勇敢和担当精神的最好教材。

（5）美国DC电影。

除了漫威电影，美国DC电影也很值得观看，如下：

《超人：钢铁之躯》《蝙蝠侠大战超人：正义黎明》《自杀小队》《神奇女

侠》《正义联盟（上）》《闪电侠》《海王》《神奇上尉》《正义联盟（下）》《钢骨》《绿灯侠》。

（6）奥斯卡获奖电影。

奥斯卡奖从1928年到2019年历经91届，评出近100部经典电影，每一部都值得反复观看。如果考虑到时间不足和观影口味，可以挑选自己喜欢的电影来看。我是从2000—2019年连续观看的，其他年份选看了一些。我将2000—2019年奥斯卡获奖电影列了出来，如下：

《美国丽人》《角斗士》《美丽心灵》《芝加哥》《指环王3：王者回归》《百万美元宝贝》《冲撞》《无间道风云》《老无所依》《贫民窟的百万富翁》《拆弹部队》《国王的演讲》《艺术家》《逃离德黑兰》《为奴十二年》《鸟人》《聚焦》《月光男孩》《水形物语》《绿皮书》。

（7）奇幻电影。

我不仅喜欢阅读奇幻类书籍，也非常喜欢观看奇幻类电影，学生也很喜欢这一类电影。于学生而言，我跟他们是一个群体，能听懂他们的表达，也能理解他们的心理。比如《魔戒》《霍比特人》《哈利·波特》《暮光之城》《加勒比海盗》《纳尼亚传奇》《少年派的奇幻漂流》《神奇动物在哪里》《剪刀手爱德华》……

2. 杂志

如果连电影都看不下去，至少也要睡前读几本杂志，再不济，也要给学生熬几碗鸡汤。那么，读哪些杂志比较合适呢？

《读者》《意林》《青年文摘》《格言》这几本杂志还不错。也可根据自己的喜好选择一些杂志阅读。读杂志的好处就是简短、易读、能坚持。

3. 综艺节目

如果连杂志都读不进去，至少也要看一些与时俱进的综艺节目，不然就会被学生视为思想老旧的古董，毫无趣味。学生说起你，定是槽点满满。受欢迎的综艺节目很多，可根据自己的观看口味选择。我一般比较喜欢看语言类节目，其他节目也会涉猎一些，不过花费的时间比较少，如下：

（1）《奇葩说》。

（2）《欢乐喜剧人》。

（3）《开讲啦》。

（4）《超级演说家》。

（5）《声临其境》。

……

曾经有个拒绝读书的老师跟我说，他年轻时之所以努力地读书，就是为了有一天不读书，现在让他读书，那他以前的努力岂不是白费了？这句话当然存在天大的谬误。不论何时何地，从事什么职业，生而为人，学习都应该是终生的。尤其是教师，既要传授学生知识，又要教授学生应对人生的智慧。如果老师不学习、不读书，小而言之，教出来的学生怎么可能有更好的未来？大而言之，我们的民族精神怎么立得起来？

班主任调节焦虑情绪的八个有效方法

若要问校园里最焦虑的一群人是谁，答案一定是：班主任。为什么呢？

第一，事多心烦。大到班级组织建设，小到班级卫生检查，都是班主任一手抓。另外，还有禁毒、防火灾、防溺水等安全教育，以及各种突然而至的迎检资料，层出不穷的学校活动都得由班主任领衔完成。

如果只是纯粹做事，充其量也就是劳其身，关键是还要处理各种关于“人”的事，那就得劳其心了。班上学生惹事了，班主任要处理，并且还不能伤害到学生。家长找事了，班主任要沟通，并且还不能得罪家长。班级不良行为上公示栏了，班主任要调查，并且还不得乱发脾气。“文明班”评不上，班主任津贴被扣掉一部分，连脾气都不敢发，委屈只能往肚里吞。委屈在心里攒多了，人就变得焦虑了。

第二，费力不讨好。班主任每天就像个战斗机，哪里需要就往哪里冲。活，干了不少；人，得罪了很多，可没落着啥好。经常有班主任跟我诉苦：安全办主任一开口，网上安全授课来了，防火演练来了，防溺水宣传活动来了，禁毒知识比赛来了，防疫任务来了……各种事儿忙不完，做不尽。好不容易做完了，一句“不合格”就被打回原形，弱弱地吐个槽，还被批评工作态度不端正。除了安全办，德育处、教学处、团委也加塞似的不断地给班主任派活，甚至连体育科组搞个运动会也得由班主任组织。

班主任每天累得吃土，没有被看见，也不会被关怀，发句牢骚立马就被听见了，还被视为玻璃心，真是费力不讨好，谁爱当谁当去。因此，每年开学之际，学校领导常常被到底安排谁做班主任一事搞得一筹莫展。

既然是费力不讨好的事，谁乐意去做啊？可是，年轻教师要成长，就要争取当班主任。人到中年的教师，不仅要成长，还要评职称，不得不当这个班主任。既然班主任不是自己主动申请来的，做得不顺心，焦虑也就在所难免。

第三，工作效果难以达到领导预期。学校领导最渴望的就是每个班主任既是提分达人，又是管人高手。当然，班主任也渴望自己成为这样的人。可是，班主任的工作对象并非流水车间的物品，可以任由自个儿摆布，学生是活生生的人，有思想，有情感，怎么可能被班主任摆布呢？

真实的教育情境是这样的：班主任费尽九牛二虎之力去抓学生的成绩，不惜耗时间、拼身体，可学生考出来的成绩在学校“一刀切”的评价制度下死翘翘。此情此景，班主任怎么可能不郁闷？

班主任挖空心思去搞班级建设，放下身段，放低姿态跟每个学生做朋友，希望学生能乖乖地听话。可是，班主任的好心得不到好报。班上就是有那么几个学生喜欢搞事。一会儿，有学生跟人打架了，被德育处干事抓住，违纪学生挨训不说，还要扣班级德育积分，烂摊子最后还得由班主任来收拾。一会儿，有学生躲厕所抽烟被逮了个正着，抽烟学生既要接受学校处分，还要牵连到班级，致使该班当月的文明班评比被一票否决，这就意味着班主任 200 块津贴被扣掉了。一会儿，有学生在课堂上讲小话，被教学处巡堂干事发现并记录在学校显眼的公示栏上，有班级和班主任姓名，真相一览无余，真是丢脸。

很多班主任一心想把班级带好，把学生教好，把领导安排的任务完成好，可是最终却事与愿违。由于工作效果达不到预期，班主任不断怀疑自己的能力，焦虑情绪就滋生出来了。

我当班主任近 30 年，见到的不焦虑的班主任真的只是少数。一种就是不把班主任工作当回事、纯粹混日子的老师，班级好坏，学生成长与否，跟他们都没关系，他们有什么可值得焦虑的？还有一种就是性格大气、凡事都看得很开的老师，工作效果好，他们开心，效果不好，也想得通。这种老师活得比较通透，一般不会焦虑。最后一种就是对教育有比较深刻的理解、持有正确教育理念，且有较强专业能力的老师。他们善于跟学生打交道，对学生的心理把握得比较准，又有一颗善良的教育心，对教育很有情怀。他们遇到问题喜欢研究，允许学生犯错，帮助学生在犯错中成长。这样的班主任能掌控自己的工作，耐心等待学生成长，看到学生的未来。他们是校园里活得比较自在的老师，一般不怎么焦虑，即使焦虑也很容易调节。

搞清楚了班主任的焦虑之源，接下来，咱们就要挖出源头，将焦虑情绪封印起来，不能让它成为伤害班主任的利剑。不过，封印焦虑情绪之前，我要说几句难听但却充满诚意的话：如果你已经被学校领导安排做了班主任，但确实因为身体、心理、性格，以及专业能力，胜任不了这份工作，那就勇敢地承认自己的不足，主动向领导请辞，不要去做力不从心的事，对自己不利，对学生不公。

即使心怀焦虑，也愿意在这个领域无怨无悔耕耘的老师们，我为你们点赞。但有个前提条件，那就是：既然选择了这份工作，就要真心待学生，专心做教育，还要善待自己，不可陷入焦虑的泥淖而不得安生。

班主任不仅是经师，还是人师，不仅对学生起着引领的作用，还对学生产生深刻的影响。如果班主任的情绪都控制不好，怎么可能把学生带向充满光明的未来呢？既然如此，班主任们该如何在忙碌的工作中调节自己的焦虑情绪呢？

一、形成积极的解释风格

著名个体心理学家阿德勒说："你经历了什么不重要，重要的是你怎么解释你的经历。"这句话的意思是，你想成为什么样的人由自己说了算。有个小故事，我相信每个老师在求学时都看过或听过：

两个口渴的人找到半杯水。快乐的人想：啊，我终于找到水了！虽然眼下只有半杯水，但千里之行始于足下，有良好的开端，我一定还能找到更多的水。于是，他变得幸福起来。苦恼的人则想：怎么就只有这半杯水？就这半杯水有什么用？一气之下，他摔掉水杯，然后坐以渴毙。

教师是专业人士，学过心理学，看完就能心领神会。关键是，教师不仅要懂这个道理，还要把道理落地。在实际的工作中，不论面对什么结果，都要先冷静下来，看清事情的真相，即使真相非常残酷，也要从残酷中找到最积极的解决办法。

2018 年 9 月 13 日凌晨，洛阳某中学的王老师跳楼身亡。王老师的家属在他的外衣口袋里发现了手机，里面有条未发出去的短信："我是自杀，以此表达对教育局、学校的失望，原来拖欠工资，现在有各种各样的检查、乱七八糟的档案，以及名目繁杂的培训，职称不公。”

王老师撇下妻女撒手人寰，确实令人痛心。站在同为人师的角度，我同情王老师，理解王老师，也敬佩他以死抗争的勇气。但站在人妻的角度来说，我怨恨王老师，甚至看不起王老师，不就是工作中的一些不公吗？值得扔下孤苦无助的妻女奔赴黄泉吗？他的死，能唤醒谁？能震慑谁？他的娘，他的妻，还有他的女，余生，该是多么孤苦！

王老师不懂教育心理学吗？他懂。但是，这些写在纸上的知识并没有内化为他的行为指南。遇到失望乃至绝望的事情，他的眼睛里再也看不到光，看不到未来，精神世界轰然倒塌，活不下去了，只能以跳楼来逃避生活带给他的压力。

2008 年暑期，因为我的孩子要在县城读书，我想从乡镇学校考调进县城学校教书，以便照顾孩子。但“考调”里面的水很深，于是我愤而出走。我当时心里怀着一股豪气：此处不留爷，自有留爷处。我一定要离开这个地方，觅一处孩子能好好读书、自己可以好好教书的地方。于是，我带着孩子，舟车劳顿，辗转几千里去了海南省海口市一所私立学校教书。我在那里华丽转身，儿子在那里脱胎换骨。也正是因为有了海南之行，才有了我后来的深圳之行。通过十年的艰苦打拼，我不仅在深圳站稳了脚跟，还把区、市、省、全国的荣誉收入囊中。

如果我当初也像王老师一样消极悲观，虽然不会自寻短见，但人生之路一定会被我踩踏成黑暗、幽僻的荒径。

我也并非不焦虑。面对不公，还有自己的信念被践踏，我怎么可能不焦虑？我也曾焦虑得寝食难安，头发泛白，但不会沉湎于焦虑之中，而是会及时跳出来，然后从积极的角度去解释所发生的事情。

当初我被拒调，有人劝我拿钱出来打通关系，我对此嗤之以鼻。既然调进县城的路被堵死了，那就意味着我可以走得更远。于是，我舍县城而去省城，当时脑子里就一个念头：就算我去了省城谋不得教职之位，去餐厅打工也能养活自己。我作风稳健，做事麻利，为人豪爽，哪里没有我的容身之处！

拥有这样积极的解释风格，我会陷入焦虑吗？可能会陷，但不会入，因为我懂得换个角度看问题，也就能很轻松地出坑了。

二、形成正确的教育理念并坚信之

很多时候，班主任会因为领导的评价或喜或忧，原因是自己没有形成正确的教育理念，没有可以坚守的信念，完全跟着领导的指挥棒在转。

一个没有独立思想的教师，一个只能靠领导评价来指导言行的教师，怎么可能不焦虑？

班主任小王，毕业两年，为人热情大方，工作积极肯干。刚入职时，热血沸腾，恨不得每天都守在教室，把每个学生都拴在裤腰带上。因为领导跟他说了，要想教学出成绩，就要咬牙切齿地逼学生，成功都是逼出来的。要想带出好班级，就必须天天紧跟学生，当班主任根本不需要什么专业知识，盯得紧，震得住，学生就会老老实实守纪律，认认真真搞学习。

小王拿着领导的鸡毛当令箭，天天充满激情地去教室逼学生。结果是否如领导所说，学生的成绩提高了，班级也优秀了呢？真实的情况是：师生关系恶化，家校关系不睦，学生成绩一般，领导时常抱怨。小王因此迷茫了，用他的话说，真的是焦虑得自闭了。

为什么努力工作的小王受到了沉重的打击呢？因为他只是一个听从领导安排的员工，而非一个拥有正确教育理念的教育者。他有工作的热情，却无悲悯的情怀，更无一颗慈悲的教育之心。如果他懂得教育就是要培养学生的可持续发展能力，他就不会一意孤行地死抓成绩。如果他懂得教育是慢的艺术，就有耐心静待花开。如果他懂得学生要在试错中成长，就会给学生改正的机会，也会给自己成长的机会。如果他知道班主任的专业核心就是帮助学生进行精神的成长，就会想办法培育学生的精神而不是把他们当犯人一样盯着。

一个教师没有奉为圭臬的教育观，就只能听凭他人驱遣而不知变通。看不懂真相，看不到未来，当然会非常焦虑。

读书是让教师精神独立、形成教育理念的好路径，非走不可。

三、要有边界意识，学会课题分离

很多班主任之所以感到心累，是因为手伸得太长，管得太多。

学生在学校不遵守纪律，班主任要管。学生在学校的人际关系出了问题，也要管。总之，学生在学校发生的一切事情，都需要班主任出面处理。

不过，有些事就不可以管。比如，学生回到家里与家人发生的事情，班主任能不插手就不插手。就算为了学生的成长非插手不可，也只能就事论事帮学生解惑，而不是对学生的家人指手画脚、说三道四。有时老师插手了也是白搭，因为多数时候根本改变不了家长的观念，也改变不了学生的认知，那就承认“教育不是万能的”这句话。

班主任除了形成明确的边界意识外，还要有课题意识。属于家长的课题，只能家长完成，班主任爱莫能助。属于学生的课题，只能学生完成，班主任无法替代。

把属于自己的事情认真干好，问心无愧，即便达不到预期效果，也能泰然处之。“没有教不好的学生，只有不会教的老师”，这句话是个伪命题，给自己打点鸡血挺好，把它作为工作指南就有点不妥了。

想明白这些问题，还有什么可焦虑的呢？教师的最大作用就是陪伴学生，与学生一起成长，其他得靠学生自己努力。

四、要有正确的“三观”——育人观、身体观、生活观

我已经在前文讲述了育人观，在此略过，说说另外“两观”。

所谓身体观，就是班主任一定要把身体健康放在第一位。勤奋、敬业确实是职场人应该具备的职业素质，但教师有个健康的身体也是必须具备的职场素质。

我一直以来都把身体健康放在第一位。如果生病了，绝不会带病坚持工作，我一定会请假去医院就医，一天也不会耽误。正是因为我很重视身体养护，所以我的身体很健康。我每天精力充沛，精神焕发，内啡肽分泌很充足，

幸福感很强。我的快乐又感染了学生，师生关系其乐融融。

至于生活观，那就是对生活所持有的态度。我们努力工作究竟是为了什么？不就是更好地生活吗？

所以，班主任要热爱生活，从生活中习得人生的智慧，再运用到教育工作中来，一定能达到事半功倍的效果。千万别做那种为了工作忽略生活的教育者。

五、提高带班和教学能力

我初为人师时很焦虑，焦虑的源头是不知道怎么教学，不懂得怎么带班。面对纷繁复杂的人际关系和班级事务，我经常茫然不知所措。

这就说明，当我们专业能力不够强、掌控不了工作时，人就很容易焦虑。

工作三年后，我的焦虑感逐渐减少，因为我已掌握了教学规律，也懂得了带班套路。我觉得可以掌控眼前的工作了，并且工作效果也逐渐达到预期，信心大增，为人豁达大度，对学生越来越包容。

工作十年，我的焦虑感完全消失。不论是带班还是教学，我都干得风生水起。我不仅能掌控手头的事情，还能预知结果，工作自信心简直爆棚。

当你有能力把手头的工作干出色，还有什么好焦虑的呢？那怎么才能提升自己的专业能力呢？

（1）身边拜师父。好老师其实就在身边，那些资深的同事，千万别嫌人家油腻，他们有非常丰富的实践经验。把他们变成师父，真诚地向他们学习实操技巧，真的是立竿见影。

（2）书中找偶像。班主任要大量阅读，寻找自己最渴望成为的那种人作为偶像，把自己代入进去，活成偶像的样子。一个人心中时刻都有个榜样在提醒，就会活得很认真，成长速度就会加快。

（3）远方寻导师。导师太远了，很难有实质性的帮助，但导师站得高、看得远，可以进行专业引领，能给渴望成长的老师指明方向。找准方向，不走弯路，成长起来就会更快速。

（4）八小时之外多读书。毋庸置疑，读书是专业成长最快的路径。想要提升教学能力，那就猛啃关于学科教学的书。当然，所教学科的课程标准、教学大纲也不可忽视。想成为优秀的班主任，去网上查一下最近五年“影响教师的 100 本书”，你会把最近五年乃至十年的好书都搜出来，然后根据需要去买，就可以饱读了。如果想成为一个有格局的教育者，那还需要读哲学、美学、伦理学、心理学、教育学等方面的书。跨界阅读也很重要。

工作能力强了，再遇到难题就能迎刃而解，就不容易产生焦虑情绪。

六、教育好子女，处理好自身情感

这一点不细说，大家都懂的，我只是做个提醒。

已经升级为父母的班主任，把班上每个学生都当作自己的孩子，这很好，但千万别忘记家里的那个孩子。你给学生 10 分爱，就应该给家里的孩子 20 分爱。

永远都要记得并践行：把最好的教育给自己的孩子。

还单身的班主任，认真工作是你的本分，但工作之余别总是守在办公室加班，待在教室里给学生补课，你要出去结交异性，谈一场美好的恋爱。

为人父母的班主任，学生教得再好，班带得再优秀，自己的孩子一塌糊涂，焦虑不焦虑？还有为了工作连恋爱都不谈的单身班主任，当孤独和无助袭来时，焦虑不焦虑？

七、学会理性思考，拥抱不确定性

2020 年 1 月放寒假时，没有哪个班主任会想到新学期竟然会因为新冠肺炎疫情而导致师生无法返校上课，所有老师不得不改行做十八线主播。这就是不确定性。事先没有人会料到，我们也不知道未来还会出现哪些无法掌控的事情。

既然我们的生活充满了不确定性，那就索性接受它。既来之，则安之，这不是阿 Q 精神，而是理性。

具有理性思维的班主任，当学生违规了，就不会因学生的错误而大动肝火，而是把学生的违规事件当作研究课题，假设违规行为产生的多种原因，并寻找论据逐一论证其可能性，不会随便归因，更不会随意判断。这样的处理方式，既不会让自己陷入负面情绪的泥淖，也不会把学生置于自己的对立面。

同样是学生违规，喜欢用感性思维来处理问题的老师，会把自己置于尴尬境地，进而被负面情绪包围。长于理性思维的班主任，则把学生的错误变成师生共同成长的养料。

八、做个淡泊名利的班主任

我提出这个观点，有些老师难免会觉得我站着说话不腰疼，心里免不了要问：难道你不热爱名利？我开诚布公地回答这个问题吧。我非常热爱名利，怎么会不热爱名利呢？名利这个东西，谁会拒绝？但我从来不刻意钻营，有便好，没有也无妨。我一直信奉的是：得之，我运；不得，我命。

正因为我不挖空心思钻营名利，反而能静下心来做自己想做的事，并且也有时间去做想做的事。只要长年沉浸在自己喜欢的领域里做擅长的事，一心一意、认认真真地做，就一定能做出成绩。

正是因为抱着这样的认知和心态在教育领域里不倦地深耕，我才能从偏僻小镇来到深圳，从一位普通教师成长为全国优秀教师，从一个靠蛮干、硬干的应试高手成长为一位靠科研带班、凭专业育人的导师。

我从未奢求过什么荣誉，就像从未想过天上会掉馅饼一样，但是从校到区，从区到市再到省乃至全国的荣誉全都砸我身上了。既然馅饼都掉我身上了，我伸手接着便是，这就是所谓的天道酬勤。

因为我主观上没有渴求过名利，心思都花在我与学生的共同成长上去了，根本没有时间去焦虑。

焦虑，还是不焦虑，都是班主任的选择。与其寻求调节焦虑情绪的“术”，不如坐下来静心悟一悟调节焦虑的“道”。道参透了，理悟明了，情理顺了，人活通透了，焦虑也就悄然远去了。

我不是人生的赢家，只是赢了我自己

最近，我快活成网红了，关于我的报道刷爆了朋友圈。

首先，拿了“全国优秀教师”奖，教育部颁发的奖状耀眼，奖章璀璨。于是，各路记者争相采访，我的先进事迹也随之见诸各大信息网站，并且还上了“学习强国”，供党员群众阅读刷分。

其次，作为主研的科研课题拿到省一等奖、国家教育教学成果二等奖，奖状和奖章仍是教育部颁发的，璀璨耀眼。

一年里相继两项国家大奖傍身，我真的很高兴，不过心静如水，一点都没飘，知道自己是谁，能做什么，不能做什么。我身边不少朋友羡慕地说：“你真不愧是人生赢家。从现在开始，你就可以躺在荣誉簿上吃到退休了！”

我真的是人生赢家吗？我还活着，没有盖棺，岂可定论输赢？别人看我赢在此处，又怎知我在彼处输了呢？细细梳理过往人生，我之所以能取得一些小成就，皆因我每次输了都又赢回来。

我是一个四川人，从小生活在慢文化的环境里，加上常年在农村工作，压力不大，老公又百般宠我，哪有不慵懒的道理？可我骨子里偏偏不喜欢慵懒。我曾通过织毛衣、扎鞋垫、种蔬菜来抗拒慵懒。如此一来，我的身体是勤快了，但精神仍然很懒惰。怎样才能使我的精神也勤快起来？读书是一个好办法，但容易陷入空想。我是实干主义者，但凡停留在脑子里的东西，再美也不过是想象。于是，我在重视实践的基础上，一边读书，一边写作。

我先是把所做所思写在笔记本上，写了一段时间，发现养在深闺的文字无人问津，写作动力源严重不足。于是就上各大论坛开帖写长文，如 K12 教育论坛、班主任之友教育论坛。这一写就一发不可收拾，迄今我仍在孜孜不倦地写作。有人说，“写作是思想的裸奔”，那我就把裸奔坚持到底吧。有人观看，有人评论，我会裸奔得更勤快；有人吹毛求疵，我就裸奔得更漂亮。无论哪种方式，都能推动我进步。进步，是我追求的目标，也是我前行的动力。

写作过程中，我付出了很多他人难以想象的代价，最出名的当属网恋事件。

由于痴迷教育写作，我跟同事外出吃饭、散步、八卦的时间骤减，每天一下班就把自己关在家里上网读网友的回帖，读完回帖又写文章，忙得不要说找同事玩，就连跟同事说话都是长话短说。于是，就有同事猜测我在网聊乃至网恋，好事不出门，坏事传千里，何况这还是别人刻意制造的坏事。

一时间，网恋谣言四起，甚至很多同事还担心我哪天跟网友私奔，搞得身败名裂。传得有鼻子有眼的网恋私奔谣言很快惊动了校长，他亲自到我家给我做思想工作，说看着我结婚生子，白手起家，现在有这么一个温馨的家，老公勤快又疼老婆，千万别因为一念之差犯了大错，把好端端的家庭给毁了。

这当然是空穴来风，我也不惧流言，依然孜孜不倦地在我的一亩三分地里笔耕不辍。他们哪里知道，我在网上写作，何先生不仅知晓，还是我的读者，就连儿子都是我文章的读者兼捉虫（找错字）小能手。我的成长，不是我一个人的事，而是一家人的事。家人同心，其利断金，不久，网恋谣言不攻自破。

这不是我一个人的写作，是一家人的写作。通过写作，我与慵懒彻底告别，连特别抗拒读书的何先生都被我带动起来，没事就拿本书陪儿子写作业、读绘本。

写了几年文章，读了上百本书，我的心开始不安分了。我不想做那只稀里糊涂看不到未来的青蛙，要做搏击长空的鹰，飞得高，看得远，我命由我不由天。

但我只是一位农村女教师，从来没有走出过四川盆地，也没有可倚靠的大树，手头可用的资源屈指可数。

反复掂量后，2008 年 8 月 21 日，我带着年幼的儿子，向着未知的方向进发——海南海口景山学校海甸分校。一路上，我虽与孩子有说有笑，但内心一片迷茫，那种对未来不确定的迷茫：前方有什么？我不知道；梦想是什么？我也不知道。我唯一知道的是：出门就是路。只有自己去走，才知道这条路好走还是不好走。

景山学校海甸分校是一所私立学校，很美丽，校长也很有专业魅力。我一位农村女教师，除了认识校长，谁都不认识。工作环境的巨变，生活上的不适，情感上的缺失，精神上的孤独，还有母责父职共担的辛苦……现在回想起来，我真的很佩服自己。要知道，那一年，我37岁，放下一切赴一场未知的约，还带着年幼的孩子，这需要多大的胆子和决心！

但这一切都被我战胜了。我很快就适应了新学校的工作，并且得心应手。那一年，我跨年级带两个班的语文课，当一个班的班主任，还有备课组长一职，晚上和周末辅导儿子学习，还利用碎片时间写了40多万字的班级教育叙事。我的第一本著作《治班有道——班主任智慧手册》就选自这些教育叙事。

同样的时间单位里，我比别人多做很多事，为什么？因为我战胜了人性中的拖拉懒散、逃避退让等缺点，战斗力爆表。

2009年8月底，我从四川度假返回海口，9月底，接到原单位勒令回去的通知。为此，我还写了一篇文章，分析回去及不回去的利弊。对比之下，我选择带着儿子返回原单位。我当然不是屈服，而是知道自己想要什么。

2009年10月，我带着儿子返回四川，情感很复杂，关系很微妙。对我好的人，为我抱不平，对我不好的人，等着看我笑话。俗话说，“好马不吃回头草”，我偏偏就吃了这口回头草。但是，我清楚地知道吃这口回头草是为了有一天能吃到更好的草。

于是，我不理会那些闲言碎语，教学、带班、读书、写作，孜孜不倦，乐此不疲。与此同时，我将多年来写出的文章分门别类进行整理，文章质量达到出版社出书的要求。回到四川那一年，我顺利出版了两本教育专著，并且还上了《班主任之友》杂志的封面。一位农村女教师，在没有任何外力驱动的情况下，在领导忽视、同事猜疑的情况下，顶着各方压力，出了专著，上了杂志封面，何等风光、荣耀？可是我只能把这一切藏着掖着，因为我知道，自己离一棵大树还差得太远。

四川虽然是我的故乡，有我的家人、亲戚和朋友，但我的心已不在那里。那种安逸、慵懒的生活不是我想要的，我想要的是不确定性，只有拥抱不确定性才有预想不到的精彩。于是，我在做好充分准备后，又背起行囊前往深圳。这一次，我是独自前行，孤单，但不迷茫。

我凭着两本教育专著、杂志封面人物，外加一堂生动、有趣的高三作文指导课，顺利地拿到光明中学的教职岗位。

我以为从此否极泰来，哪知道到了深圳，我人生中真正的磨难才刚开始。

首先是孤独，难耐的孤独。在海南毕竟有儿子陪伴，学校食堂还有几个四川老乡，对我们母子格外照顾，现在我们都还当亲戚互相走动。可到了深圳，就我一个人，什么都没有，除了一个好姐妹，谁都不认识。抵抗孤独的最好办法就是上班待在教室，上课，搞班级建设，看着学生学习和嬉闹；下班待在办公室，备课，改作业，读书，写作。不曾想，我竟爱上了孤独，觉得就是因为能与孤独相处，自己才能静下心来做很多事。

其次是饮食不习惯。我是吃辣椒长大的，无辣不欢，可是学校食堂的菜品都很清淡，即便有些菜加了辣椒，吃起来也无甚辣味。所以，我极度渴念家乡的饭菜，觉得自己的味蕾快要退化了，甚至觉得活着没有了幸福感。

实在想辣想得慌，就去一个快餐店叫师傅给我炒一份青椒回锅肉，以至于后来我每次去那个快餐店，一句话不说，师傅也会特意给我炒一份青椒回锅肉。

坚持就是胜利，这可不是一句空话，是真理！现在，我很喜欢吃粤菜，喜爱程度已超过川菜。粤菜，或许不如川菜养口，但养身，吃了肠胃更舒服。

再次是之前的种种全部归零。我以前在四川赢得的美好口碑没了，在四川连续创下的新高无法实现，那些著作也只能证明我能写，至于我会不会做、做得怎么样，得拿出东西来给别人看才行。总之，一切归零。我就是一个职场菜鸟，在深圳这个人才遍地的地方重新开始。

我要重新熟悉教材，因为深圳的教材跟我以前使用的不一样。我得重新了解学生，深圳的学生跟我在四川农村遇到的完全就是天上地下。我要学习新的教学技术，毕竟我以前是在农村学校，管理涣散，要求也不规范。

40 岁的女人，孤身一人闯深圳，除了一颗决绝的心，什么都没有。我也真是豁出去了，每天都扎在教室、办公室里苦读苦写苦心钻研，连街都不去逛，更遑论去吃喝玩乐。

老实说，我在光明中学至少夹着尾巴苦熬了四年，才有光射到我身上。这一射过来，我就抓住了，把自己变成一个发光体，自取光亮，像个逐日鸟，向阳而飞。

从校级“优秀教师”到校级“十佳班主任”，到区“优秀教育工作者”、区

“骨干班主任”、区“首席班主任”、“深圳市我最喜爱的班主任”、“广东省名班主任”，以及“广东省名班主任工作室主持人”，再到2019年的“全国优秀教师”以及“第五届深圳教育改革创新大奖——年度十大教育人物”，短短几年，我就由普通教师飞升到上神级别。看起来，我的人生就像开了挂，真的是好运当头。

事实上，我心里很清楚，能取得这些成绩，除了运气外，还有在很多背后默默推动我的人。当然，更重要的还是我对自己的准确定位，以及自身具备的成长力。

我是从网上写作起家的，因此喜欢在网络上社交，认识了很多朋友。由于性格豪爽，说话直爽，难免说者无心，听者有意，于是我说的一些话被一些不怀好意之人扭曲加工，搞得被信任的人猜疑、被尊敬的人负评，要说内心不痛楚那是假的。我也曾心痛如刀绞，度过许多不眠之夜，但都挺了过来。我原谅那些传播是非的人，也原谅猜疑和诋毁我的人，好与不好，时间自有公论。就算真的不好，我也坦然无惧，干嘛不趁机把自己变得更好呢？人非圣贤，孰能无过？既然别人说我不好，那就说明我总是有小辫子，别人才抓得着，怨恨有什么用？我把小辫子剪干净得了！心念神动，豁然开朗，我终于从自己的心牢里走了出来，原谅了别人，放过了自己。从此，我退出是非圈，潜心做研究，不仅年年出书，主持的省级课题也顺利结题，主研的课题也获得了“国家基础教育教学成果奖”。

真的应了一句话：有伤口的地方就有光照进来。感恩这个伤口来得及时，让我认清了内心，也让我真正明白想要什么。更主要的是，我对自己有着准确的定位，对未来有着清晰的规划。我是谁？我要去哪里？我想要什么？这些问题，我已彻底想明白。假如能活80岁，我的人生也就剩30年左右，最后10年生命质量日趋下降，真正好活也就20年。我还有好多事情没有做完，还有好多人生目标没有达成，得心无旁骛，心怀坦然，无怨无悔地好好活着。死而将至的时候，我能微笑着说：此生，我不负我，我很满意！此生，我不恨人，我很快乐！至于死后盖棺定论时，我究竟是人生赢家还是输家，由活着的人去说吧。

找到自身特质，成为学生的领航人

2019年6月10日，周一。按照惯例，早上要举行升旗仪式。当天，初三年级，9点要进行三模考试。

或许是因为要考试，升旗仪式上，整个初三年级只有我的雅墨10班的学生一个不落地穿了礼服和皮鞋。其他班级，要么整个班级都没穿礼服，要么是校服、礼服穿得参差不齐。

可能有人会问：是不是你周日提醒他们要穿礼服啊？说实话，初一我会提醒，初二就不再提醒了，初三都懒得过问这件事了。升旗仪式庄重着装是个基本常识，这么大个人了，还需要我啰唆吗？话是这么说，但很多班级的学生没有班主任的啰唆还真的做不到。雅墨10班的孩子能做到，是因为班风好，他们压根就不会犯这些低级错误。三年来，每个月的文明班称号，雅墨10班从来就没失过手。

有人可能要问了：这是你一手带起来的班级，亲生的，班风肯定好。好吧，那我就来捋捋中途接手的班级的班风如何吧。

（1）1996年9月，我挺着4个月身孕接手了一个初三年级的班级。据领导说，这是一个让原班主任操碎了心的差班。具体情况就是：班里尽是些不学无术之徒，女生都是八卦精，男生都是捣蛋鬼，迟到、旷课、吵架、打架简直就是家常便饭。有好事者还给这个班取名为“四无”班级——无知、无耻、无德、无能。

（2）1997年9月，我调到一所新学校，接手一个初二年级的班级。据领导说，此班级学生脑子很聪明，但由于原班主任快要退休了，疏于管理，加上班里有“八大金刚”——八个膀大腰圆的留级生，班风特别差。每次学校有什么突发事故，这个班学生都有参与，令大家头痛。

（3）2009年11月4日，我走进意搏班。虽然进门的那一刻获得了雷鸣般的掌声，但在进班之前，我就已经知道这是一个令人头疼的班级：成绩很差，还超级自信；能力欠缺，还到处表现；正义感爆棚，自己又不讲道义。总之，特别双标又特别分裂的一群孩子（这是意搏班一个孩子的原话）。

（4）2015 年 9 月，我接手莲韵 9 班。一进班，我就吓蒙了，自己是走进古墓派了吗？我要做古墓派的掌门人吗？除了在朱雅婷眼里还能看得到一丝光亮，其他人都死气沉沉的。据我所知，我是他们的第四任班主任，前三个都被他们气跑了。两年来，不论是运动会还是艺术节，他们连年级前五的名次都没拿到过；成绩更是一塌糊涂，每科的平均分都是年级倒数第一名；文明班的奖牌长什么样，他们都没看到过。

这些班在我接手之前班风都不好，但是在我接手后，很快就班风优良，学风浓厚，各种奖状接踵而来，这是为什么呢？难道是我人品爆棚吗？难道是我幸运星附体吗？难道是我有点石成金的本领吗？

很长一段时间，我也百思不得其解。

有一段时间，我觉得可能是我够凶（强势、霸道、攻击力强），学生都惧怕我，对我的命令不得不从，所以接班上手很快。可是自我生了孩子，内心就很柔软，偶有雷霆手段，但多数是菩萨心肠，中途接班仍会很快上手，班风也会很快好转。这么来说，不论好与不好，跟我凶与不凶没有直接关系，而是跟我作为一个人的一些或明或暗的特质有极大关系。那么，作为一个人，一个长期做班主任的人，我有哪些特质呢？我觉得很有必要深度挖掘一下。

一、我很霸气

或许因为我是家里的老大，也或许是从小父亲不在身边，很多事情需要自己做决断，所以就养成了说一不二的性格和干脆利落的行事作风。年轻时，哪个学生敢违反班规或校规，我必定对他毫不客气，是打是骂，看违规行为产生的后果说话。

学生表现好，我灿笑如花，表现不好，我的表情瞬间秒切到冰天雪地，眼神凌厉，一言不发，死死盯着违规者，直到把他们吓得低头认错为止。

20 世纪 90 年代初，很多社会青年既不外出务工，又不在本地找事做，整天在街上溜达，时不时跑来学校骚扰女学生。很多老师很怕他们，但我不怕，他们来我的班级，我就堵在门口，绝不让他们进去。那些社会青年很不爽，唧唧歪歪、说三道四。我也不跟他们争吵，而是瞪着一双不大但一定是燃烧着怒火的眼睛直视着他们。

说一不二，雷厉风行，精神抖擞，敢怒敢言，立身天地之间，一身浩然正气，这便是30岁以前的我。那个时候的我，虽然活得很糙，却是酣畅淋漓，恣肆汪洋。其实是金庸小说读多了，中毒甚深，总觉得自己是个侠女。

二、我还有点匪气

或许真的是武侠小说读多了，我的骨子里不乏匪气。就算我已经在红尘低调修炼了几十年，那股匪气就像狐狸的尾巴，忍不住还会露出来。比如，我曾经在全年级的大会上宣称：谁要是敢动我的学生1根毫毛，我必定要动那个人10根毫毛。特别说明，我不打人，没有暴力意识，但我的态度、语气、不依不饶的纠缠足以吓坏人。初一第一学期，雅墨10班的大黄向我哭诉，说8班的陆某（年级出名的校霸，整天寻衅滋事）无缘无故打了他，还是打的脸。我最痛恨那种以强凌弱的行为，再说，霸凌的还是我的人，简直逆天了。我二话不说，径直冲到8班，一把抓住陆某的衣领，面目狰狞，双眼喷火，咆哮道："说，你凭什么打我的人？！你必须给我说清楚！"我一边咆哮一边将陆某拽到大黄跟前，雷霆般吼道："你今天必须跟我说清楚，说服我，我就饶了你，说不服，我今天就要拽着你找你父母为大黄讨公道！"

那个陆某估计从来没见过这种雷霆万钧的阵仗，竟然吓蒙了，虚弱地辩解了几句就向大黄道歉了。随后，我指着陆某的鼻子说："你要是不把自己当学生，我就不会把自己当老师，你今后再敢打我的人，我就见你一次打一次！回去告诉你那些所谓的兄弟，今后不准到我的班级门口转悠。来一回我就赶一回！人不犯我，我不犯人，人若犯我，甭管谁我都诛！"

读者诸君是不是在为我担忧？担心那些被我得罪的学生找我麻烦。说来可能有人不信，那个被我吓蒙的陆某，后来在学校碰到我，竟然还主动和我打招呼。

三年来，我的雅墨 10 班没有任何学生被欺负，当然我的学生也不曾欺负过别人。我当初拽住陆某的衣领，也只是拽着衣领而已，虽是电闪雷鸣，却不曾有半点身体上的碰撞。我再有匪气，也只是气而已，可能会因气动怒，但不会因气辱骂，更不会动手。

孩子们都说跟着我特别有安全感，因为我会竭尽全力保护他们。别班的同学都很羡慕我的学生，说我会为学生出头。我心里想：在校园里都不能护自己的学生周全，那我这个老师还有什么用？

三、我还有书卷气

别以为我霸气，甚至略有匪气，我就是一个易怒的泼妇，事实上，我的情绪非常稳定，脾气也很温和，很难当着学生的面发火。

我一直把自己当个读书人，读书人怎好粗俗霸道呢？读书人应该通情达理，乐观豁达，斯文有趣。何况我还是个女人，必须善解人意，优雅知性。况且我也喜欢做个优雅精致、知性善良的女子。

在学生眼里，我是带着浓厚书卷气的老师，因为他们经常看到我不是在备课改作业，就是在读书学习，碎片时间都在用手机写作。我的言谈很得体，脾气很温和，举止很斯文，怎么看，我都是一个读过书的人。

四、我对自己很苛刻

我承认，我对学生要求很严格，但是对自己更苛刻，因此他们对我不敢有微词。某年暑假，我布置学生写 5 篇作文，平均 10 天写 1 篇，有些学生很不满，说一个假期就 50 天，竟然要写 5 篇作文。我说，你们写 5 篇，那我就写 50 篇千字文。我每天把我的见闻感想写出来，贴在 QQ 空间，欢迎大家点击阅读。我说到做到，天天更新，暑假结束，一篇不少，整整交出 50 篇暑假日记。学生除了老老实实完成那 5 篇作文外，还好意思说其他的吗？

我一直认为：一个对自己苛刻的老师，才有资格对学生严格。自己都做不到，凭什么要求学生做到？自己都不想做，凭什么要求学生做？言传不如身教，敢于朝自己开刀，才有资格提刀！

五、我有拿得出手的专业能力

我是语文老师，讲课生动有趣，学生很喜欢。在我的课堂上，除非学生身体不舒服，一般都不会打瞌睡。

特别是写作课，我给学生讲了如何审题、如何立意后，如果他们还是一脸懵，那好，我就当着他们的面，10 多分钟写出一篇范文，然后大声地读给他们听。学生听完掌声雷动，对我佩服得五体投地。

作为班主任，我建设班级管理团队，打造班级文化，开展班级活动，开发班本课程，以及跟学生怎么沟通，都会令学生眼前一亮、耳目一新。他们对我的评价就是：老师的脑洞实在太大了！智慧女性，惹不起啊！其实，哪是我脑洞大，只是我善于学习，点子比较多而已。还有就是我喜欢琢磨，不论看到什么东西，都要琢磨一下是否与教育有关，可否拿来做教育素材。长期琢磨下来，我的教育敏感度就形成了，很多在别人那里一文不值的东西，在我这里都是珍贵的教育素材。

六、我有很丰富的生活智慧

一则我从小在农村家族大院长大，二则我母亲是一个特别有智慧的人。在大家族氛围的影响以及母亲的训练下，我也很有生活智慧。

因为有生活智慧，我做班主任，就像一个成年人带着一群未成年人过日子。

我们去校外烧烤、郊游，在教室里营造亲如一家的班级氛围。

总之，我就像一只大鸟，带着一群小鸟快乐地飞呀飞。师生关系、生生关系非常和谐，师生幸福度都很高。

七、我对学生的陪伴很到位

有人说，“陪伴是最长情的告白”。好吧，那我天天都在向学生告白，因为我每天都是生命在场地陪伴他们。每天早上，我去得最早，晚上走得最晚。一到学校，把包一放，我就钻到教室里去了，下课时大多也在教室里待着，多数时候不说话，就静静地看着他们聊天、嬉闹，我觉得很满足、很享受。

很多时候，我都在暗自窃喜，看起来是我在陪学生，实际上是学生在陪我，因为我需要年轻的、充满活力的生命在眼前晃来晃去。看到这些充满活力的生命，我就觉得自己不会衰老和疲惫，我和他们一样年轻。

想要长生不老吗？那就跟充满活力的孩子在一起吧。他们让你活力无限，脑洞大开，时刻觉得自己好小、好年轻。他们还能让你每天笑容满面、展翅欲飞。

八、我熟悉学生的话语系统

我既然要跟学生在一起，就要进入学生的话语系统。比如，他们经常使用网络语言调侃，那我也准备很多网络语言来调侃他们，甚至知道的网络语言比他们还多。他们喜欢看漫威电影，我看得比他们还多。我看电影和电视剧的口味跟学生很接近。

因为与学生保持着比较一致的信息吸收渠道，所以我很容易打入学生内部，赢得他们的信任。同时，我还保持着深度阅读，经常会给到学生闻所未闻的新观点，令他们豁然开朗。所以，他们又特别佩服我。有信任，有佩服，还怕带不出好班吗？

九、我有专业带班的意识和能力

看了上述内容，有些读者可能会问，你是不是靠感情带的班啊？感情当然不能少，但只有感情是带不出好班级的，必须有带班的专业意识和能力才行。

比如，接手起始班级，我一定会打造高效的班级管理团队，把班级还给学生，让每个学生都有自己的岗位。他们有岗位就意味着有事情可做，就很容易找到归宿感和成就感。我也能从繁重的班级事务中解放出来，有更多的时间备课、读书和写作。

我也会分别从物质层面、制度层面、精神层面、班级愿景、班级核心价值观、班级核心文化、班级灵魂等方面为班级打造文化名片。学生长期在积极上进、温馨和谐的文化氛围里生活，他们的心灵受到美好的熏陶，从而形成正念、正思、正行的积极心理，班风哪有不好的道理？

学生自主管理班级，人人都是班级的主人，害班级就是害自己，当然要尽力热爱。另外，他们在班级文化的熏陶下，精神世界变得润泽而丰富，共情能力、自我约束能力也增强，分得清楚什么可为、什么不可为。

我有较为充裕的时间来收集大量的教育素材，根据他们的年龄和心理特征，整合出适合青春期学生成长的生命课程。这套生命课程的配套使用，推动了学生的生命自觉。当学生知道自己想要什么、能要到什么，他就会迸发出成长的动力，教育成本自然就降低了，教育成效也大大提高了。

十、我的沟通能力很强

准确地讲，我能听懂学生的话，并做出及时、准确的回应。比如，学生跟我说，某同学在课间踢他的屁股，我就能听出他话里的不满与气愤，于是马上就会共情：你被某同学踢了屁股，是不是心情很不好，很气愤啊？学生就会回应道：是啊，他越界了，侵犯到我了。我就会反问：那你打算怎么处理这件事呢？学生就会向我讲述他的处理方式。如果学生的处理方式合情合理，我就会表示支持，并且肯定他处理问题的能力。如果学生的处理方式不够恰当，我就会给他提供三四种处理方案，让他选择一种最满意的。这样做，不仅能化解学生心中的不满，还可以培养学生的自主选择能力。

因为我能听出学生话里的情绪和需求，所以能较为准确地回应学生，他们就觉得我特别懂他们，有事情就很喜欢跟我倾诉。

除此之外，我也掌握了一些沟通技巧，如非暴力沟通。不管遇到什么事，我首先都会不带评论地观察，然后再客观陈述观察到的事情，接着则告诉学生我观察到的这件事情给我的感受，最后才向学生提出我的请求。这个沟通技巧从来就没有失败过，每次运用都皆大欢喜。

十一、我有很强的坚持性

想象一件事实在太容易了，只是再美也不过是想象。我本人其实挺笨拙的，但有一个特质估计很多人都比不过，那就是一旦决定要做，特别能坚持。我 2005 年评了副高职称，就想在班主任领域做一番成绩出来，那么该怎么做呢？我的实践经验很丰富，并且天天守在教室里，这不成问题。我要加强的就是读书和写作。读书还好，动动眼，就有精神上的愉悦，唯独写作，就不是单纯动手、动眼的事了，而且相当枯燥无味，漫长又不见效，实在是难熬。很多人在写作之初都是雄心壮志、信心满满，但是写了一阵之后就再也坚持不下去了。我自从 2006 年开始写作，就再也没有停止过。不论遇到多少麻烦，忍受多大的孤独与寂寞，我都咬牙坚持住了。这一坚持，就是十几年。没有人要求我这么做，但我自己选择做了，无怨无悔，甘之如饴。那么，坚持最终回报给我的是什么呢？

我从一个一文不名的农村女教师走到深圳这个人才遍地的一线城市，并站稳了脚跟。我把儿子从一个教育资源匮乏的地方带到教育资源丰富的深圳，这对他的人生来说，显然是个质的飞跃。

这十几年的坚持，我出版了 13 部教育作品（10 部专著、3 部编著），都是出版社找我出版，并且给我稿酬。目前，我还有一本《送给学生的智慧锦囊》即将出版，由我主持的省级课题“中学起始班级高效带班策略”，70% 的内容是我写的，也即将出版。我手头正在写的家庭教育方面的书稿也即将完成，有关男女生的生命成长课程整理也接近尾声。

实话告诉大家，这些年写作并未给我带来多大的物质财富，但是它带给我的精神财富则是无法计算的。它让我活得更有尊严，也更有底气，真正让我活出自己喜欢的样子。

当然，我不得不炫耀一下：我的家人，我的学生，我学生的父母，都很喜欢我！我的学生目前还没中考，我现在的搭档就迫不及待地盼望着下一个学年能与我再度合作。

班主任要提升自己的故事力

美国著名未来学家、趋势专家丹尼尔·平克在他的《全新思维》一书中提到，决胜未来的六大能力分别是：设计感、娱乐感、意义感、故事力、交响力、共情力。其中，故事力是最重要的一种能力。丹尼尔·平克说："每个人都有自己的故事，人人都是个人生活的策划者。一定要倾听别人的故事，讲出自己的故事，让人生存下去的不是食物，而是故事。"

那么，何谓"故事力"呢？一个叫海尔的女评论家，在《故事力》一书中写道：故事力是指编故事、讲故事、写故事、演故事的能力，借由故事说服别人、感动别人、影响别人，让他人与你心灵相通，并促成你某些想法的实现。

既然故事力对人的未来极其重要，班主任又承担着育人的重任，是学生成长的引领者，班主任必须提升自己的故事力，从而帮助学生找到人生的意义和坚持下来的理由。那么，具体从哪些方面来提升自己的故事力呢？

一、把学生的不良行为编进故事促其改正

有些学生悟性很高，自尊心也很强，但他们好面子、玻璃心，犯了错误，老师若当面指出会令他们特别不爽，不但没有改正错误，还恶化了师生关系。那么，我怎么做呢？把这个学生的行为稍加改动编进故事，让他来当主角，然后绘声绘色地讲给所有学生听。通常情况下，当事人听完之后都会对号入座，从而悄然改过。比如，班里有个女学生特别任性、刁蛮，凡是与她相处的同学都觉得心累。她还经常激怒男生，好多次男生都差点动手打她。恰好我有个女邻居跟她性子差不多，经常在家里激怒丈夫。终于有一次，她丈夫忍无可忍，动手打了她（当然，丈夫打人是不对的）。于是，我就把这个女邻居的行为与女学生的行为进行整合，再以"女邻居为何被家暴"为主题讲给所有学生听。

讲完故事，我也对这个女邻居的性格进行了分析，并且给出如何管理情绪的策略。事后，那个女学生找到我，说：“老师，好可怕，我觉得我要是不改改自己的脾气，估计也会被打。”我欣然为女学生的自我领悟力点赞，并且送她《如何控制自己的情绪》一书，希望她从此能学会管理情绪，修炼好性格，今后有个美好的人生。

二、给学生讲述充满希望的鸡汤故事

一般情况下，我是很反对心灵鸡汤的。但是，当学生心灵干涸、成长养分严重不足时，我也要给他们灌心灵鸡汤。我最喜欢的是把教过的学生当作故事主角给现在的学生讲述一个个充满希望的鸡汤故事。

比如，我在培养班干部的时候，有些孩子觉得当班干部很吃亏，干了活又没报酬还要遭同学说三道四。于是，我就给学生讲述以前学生在求学阶段把班级当作训练场、把当班委干部当作训练能力的手段，结果他们入职之后，由于具备领导力，很快就升职了。这样一说，孩子们就觉得当班委干部是充满希望的，对他们今后的人生是有回报的，遇到困难也不再打退堂鼓了。

三、把自己的日常工作写成故事

作为班主任，天天会遭遇学生制造的事故，但这有什么关系呢？坐下来，敲击键盘，把学生的事故写成故事，把自己的想法、做法、反思都写出来。写给自己看，以警醒自己面对学生的成长不可任意妄为；写给家长看，以获得家长的支持；写给学生看，以获得学生的理解；写给同行看，以达到互相交流、共同提高的目的。

我年轻时可谓一个很狂妄的老师，总觉得自己做教师很有天赋，什么问题在自己手里都可以解决。但自从我2006年敲击键盘写教育故事后，越写越心虚，越发觉得在处理很多问题时不是自己多厉害，而是遇到的学生很单纯。坚持了十多年的教育故事写作，我不敢说自己是一个多么优秀的老师，但一定是一个不断进步的老师。通过写教育故事，我的故事力和专业能力都得到很大提升，师生关系和谐了，教育效果也变好了。最为可贵的是，当我提升了故事力后，体会到这份职业带给我的成就感与幸福感。

作为班主任，我不建议给学生说太多的道理，说道理是化功大法，师生关系会越来越疏离，教育效果也大打折扣。我推崇给学生讲故事，讲故事是北冥神功，师生关系会越来越亲密，教育效果也会大大提升。因此，班主任一定要努力提升自己的故事力。

成长就是要找到自我教育力

凡读过大冰的书，都应该有一个印象：他的书里讲了很多小时候家境不好，或者父母放任不管而耽误成长的人，在经历了各种坎坷之后都有了令人叹服的成长。那么，这些人是如何野蛮生长的呢？我觉得这些人学会了自我教育。既然没有老师和父母来教育我，那我就自己寻找教育素材，把自己教育好。怎样才能形成自我教育力，把自己教育好呢？尤其是年轻的班主任，该怎么野蛮生长呢？

一、听君一席话，胜读十年书

几乎每个人都有强烈的表达欲望，却缺乏驻足聆听他人说话的欲望。殊不知，正是别人的言说让我们豁然开朗，才会发现自己是多么狂妄与浅薄。

我特别喜欢听吴伯凡老师讲课，在听他讲课的过程中弄明白了许多道理，也把心中的很多疙瘩解开了。比如，我以前是一个爱憎分明的人，在我的价值体系里，错的就是错的，对的就是对的，没什么好说的。但是，我听了吴伯凡老师的“灰度”之后，内心受到极大的触动。原来我一直处在“黑白思维”的暴力之中，难怪在评判一些人的行为时，总是不经意地与道德挂起钩来。这当然是有失公允的，因为事物的答案不止一个。但我用黑白思维来断定，答案就只有一个：要么对，要么错！真实的情况是，在对与错中还存在许多维度，这个维度我们称为“灰度”。自那以后，我看人辨事都会尽量把他人的心境、经历、动机考虑进去。这样一来，我发现自己思考的纬度加宽了，对他人更加体谅了，也受到了更多人的喜爱。我之所以能够发生这样的转变，就是因为我认真聆听了他人的言说，并且产生了强烈的共鸣，形成了教育力，达到了自我教育的目的。

二、见贤思齐焉，见不贤而内自省也

子曰：三人行，必有我师焉。老师就在身边，关键看你能否从别人身上发现美好的东西，然后纳为己用。自我教育力强的人，看到别人的优秀，他就想：别人为什么这么优秀？是通过哪些途径做到的？把这些问题捋顺之后，他就会根据自己的情况制定达标的策略，然后去执行。

我初中的同桌，在当时可谓一个不学无术的小魔女。读高中时，她的人生就像开挂一样，一路花开，高歌猛进，考了大学，读了研，现在是西安某高校的一名教师。有一年我去西安讲学，分别 20 多年的我们终于见面。我好奇地问她："你明明初中时成绩很差，高中都没考上，还是托了关系，交择校费才勉强读成，为什么高中时成绩就节节攀升了呢？"同桌淡然一笑，说："都是因为你。你的努力，你优异的成绩刺激到我了，使我不得不扪心自问：我的同桌这么优秀，我为什么不向她学习呢？如果我再不努力，20 年后我们再见面，我将是一副什么样子呢？种种猜想之后，我特别后怕，于是就教育自己，必须跟过去决裂，过一种自信的人生。多年后，我们再见面，我才有勇气面对她。"

果然，同桌再见，我们竟然比初中时还要谈得来。我们都有自己喜欢的工作，都有深爱自己的丈夫，都有阳光积极的儿子，都还有那么一点点情怀。

三、为自己准备一面照妖镜

这是我为自己准备的礼物。我一直觉得自己是一个容易盲目自信的人，甚至还是一个容易忽略别人感受的人。我还记得有一次把父亲的生日忘记了，他很生气，但是我一直都没察觉，每天兴高采烈地进进出出。我妈实在看不下去了，生气地对我说："你怎么这么粗心啊，你把你爸的生日忘记了，他生气你也不知道，人家说'出门看天色，进门看脸色'，你连个脸色都看不出吗？"听我妈这样一说，我才意识到自己的失误，真的好惭愧，赶紧向我爸道歉认错。看在我是亲生女儿以及态度诚恳上，我爸终于原谅了我。类似这样的事情在我身上发生了很多次，弄得我无比尴尬，可我又总是旧病复发。于是，我就做我先生的思想工作，请他成为我的一面镜子，但凡我的言行即将魔化时，就赶紧把我的妖相照出来。我就抓住这个“妖”好好地把自己教训一顿，让我灵台洞明。我一直都这样认为，既然别人教训我，我会难受，甚至还会产生怨恨情绪，为何不在别人还没教训我之前就自我教训呢？我自个儿先教训自个儿，可严厉，也可温和，可晓之以理，也可疾风骤雨。总之，我先把自己教育好，就不怕别人“教育”了。

四、把书中的营养变成自己的生长素

我们常说开卷有益，但我也发现很多人看了很多书，懂得很多道理，却过不好自己的一生。相反，他们只是拿这些道理去教育别人，却无法教育自己。读来读去，没有从中汲取到利于自己成长的生长素。

读初中时，我有一段时间非常迷茫。我的迷茫没有被老师发现，我也不愿意跟老师倾吐，于是就自己熬着。越熬越糊涂，越糊涂就越搞不明白自己想要什么。偶然之间，我读了一本书，书名就叫“第二次握手”。读这本书时，我特别感动，先是无声抽噎，然后是有声哭泣，最后是号啕大哭。一直读，一直哭，读完，眼泪也哭干了。但我好似顿悟一样，突然心中就亮了：我要做丁洁琼一样的女性，要像她那样知性、优雅，并且精神和人格都很独立。自那以后，我沉下心来，认真学习。每当我疲倦的时候，就给自己讲丁洁琼的故事，为自己的未来描绘美好的蓝图。真的，没有依靠老师的帮助，也没有受到同伴的影响，我就凭借这本书把自己教育好了。

五、反思是自我教育的最好途径

叶澜教授说过：“一个教师写一辈子教案难以成为名师，但如果写三年反思则有可能成为名师。”对于这句话，我还有另外的理解。我觉得写反思之所以可以成为名师，主要原因在于我们在写自我反思的时候，看懂了一些真相，找到了一些规律，从而提升了自我教育力，找到了最好的自己。

我 2005 年评了副高职称，刚开始确实有些飘飘然找不到北。但一个偶然的机会，我走上了一条写自我反思的道路。我记得当时是读了万玮老师的《班主任兵法》。读完，我特别兴奋：原来教育书籍可以这样写！以前我读那些教育类图书简直是味同嚼蜡，没想到万老师的书读起来这样轻松和亲切，每个案例都是我在教育实境中经历过的，一些万老师处理得很高明，但有的，我感觉自己比万老师处理得还高明。这样一比，我的信心就来了。既然教育类图书可以写得这样有趣，为何我不写呢？心动就行动，于是我开始敲击键盘写我的班级故事。当然，写完故事之后，我会有一些反思。

说实话，刚开始我是抱着一种“好玩”的心态来写的，写着写着，我的态度就发生了变化。原来有些事我当时做得并不好，完全可以换一种做法来做。还有，我本来可以不用伤害这个学生的，但由于考虑不周，做法欠妥，实实在在伤害了学生。如果不写这个反思，这些问题说不定至今我还没想明白呢。但是，由于我不断地写，不停地总结梳理，就学会了自我教育。我终于知道作为一位教师，我的职业理想是什么，也终于知道，要想把学生带向美好，不学习、不提升、不专业是很难达成目标的。更可怕的是，把事情做错了还不自知。这一番教育下来，我心中透亮，更加敬畏我的职业，更加努力地自我成长。

笛卡尔说：我思故我在！而我觉得：我能够自我教育，故我能朝向美好，生活就会赐我美意！